Monographic Journals of the Near East *Assur* 3/1 (July 1980)

DOCUMENTS D'EPOQUE MEDIO-ASSYRIE

M.-J. Aynard et J.-M. Durand

An edition of twelve previously unpublished texts: eleven from the Louvre and one in a private collection, containing a letter, juridical texts of the genre of KAJ and some administrative documents. These texts are of diverse provenience: Nos. 1-3 certainly come from Aššur, Nos. 9-11 were said to have come from Tell Amuda by the dealer; the site is identified with Urkiš. It must be noted that the tablets, on the other hand, mention Kulišhinaš in a privileged fashion. Nos. 5-8 may come, in part, from the same Tell. No 12 from the site of Šuri.

These texts, in their diversity, allow us to examine a part of the Middle Assyrian documentation, in particular the question of knowing whether or not the Middle Assyrian Code mentions the *ilku*, the status of the villagers (*alaiû*) and their *ipṭiru*, the clause of the reapers . . . ,etc., or approaches the question of *miksu*.

The edition contains copies of the texts and diverse indices (PN, GN, and DN) as well as the list of texts with commentaries. Begun under the direction of J. Nougayrol, by M.-J. Aynard, it was completed by J.-M. Durand. Mr. P. Amiet has kindly appended to this study a sketch of the seals and a commentary about them.

Table des Matières

(Introduction)		2
Catalogue		2
No. 1.	Lettre de *Abî-ilî* à *Mušabši-Aššur* sur un vol de bétail	3
No. 2.	Emprunt d'étain	5
No. 3.	Emprunt d'étain	14
No. 4.	Emprunt de grain	18
No. 5.	Libération de villageois	19
No. 6.	Acquittement partiel d'une dette	29
No. 7.	Emprunt de froment	35
No. 8.	Emprunt d'une vache	36
No. 9,10,11.	Billets administratifs	37, 43, 44
No. 12.	Offrandes dans le temple de *Šuriha*	46
Index		49
Les Sceaux (P. Amiet)		55

Les tablettes publiées dans le présent article avaient été confiées à M.-J. Aynard par J. Nougayrol pour publication. M.-J. Aynard avait commencé l'élaboration des 7 premiers numéros et en avait établi les premières copies, les transcriptions et rédigé un commentaire du No. 2 (AO 19.228). La mort du regretté J. Nougayrol et d'autres occupations ne lui avaient pas permis de reprendre ce manuscrit. Quand elle me l'a remis en vue de le compléter et de l'amener à achèvement, j'ai trouvé le travail de déchiffrement tout fait sous forme d'une bonne transcription de ces 7 tablettes. Sur de rares points je m'en suis écarté, sans le signaler, puisqu'ayant eu le document en main, je l'ai fait en connaissance de cause. Les copies sont mon oeuvre, ainsi que notes et commentaires dont j'assume l'entière responsabilité. J'ai cependant indiqué, dans le cas du No. 2, les points essentiels où je m'écartais de l'interprétation de M.-J. Aynard (*ilku*).

P. Garelli a bien voulu relire une première esquisse du commentaire de certains textes et me faire part de ses observations, ce dont je le remercie vivement. La reconnaissance de M.-J. Aynard et la mienne s'adressent d'autre part à P. Amiet, Conservateur en Chef des Antiquités Orientales du Louvre, qui nous a permis, avec sa libéralité coutumière, de consulter ces intéressants documents et qui a apporté à cette publication un complément essentiel en donnant l'édition des sceaux imprimés sur les tablettes.

Enfin, nous avons joint aux textes du Louvre une copie de J. Nougayrol. On y retrouvera la graphie élégante et sûre de notre maître, sous la direction de qui cette oeuvre commença et qui ne la vit malheureusement pas achevée. C. Saporetti a relu cet article en épreuves et nous a fait part de ses observations ce dont nous le remercions vivement. On les trouvera mentionnées [C.S.] ci après. [J.-M.D.]

CATALOGUE

No. 1	AO 19.227	7 x 6,3 cm	Aššur
No. 2	AO 19.228	7,8 x 5,8 cm	Aššur
No. 3	AO 19.229	7,5 x 5,5 cm	Aššur
No. 4	AO 20.153	6 x 5 cm	Aššur
No. 5	AO 20.154	7 x 5,2 cm	Aššur
No. 6	AO 20.155	6,6 x 5,4 cm	Kulišhinaš (?)
No. 7	AO 20.156	5,6 x 4,3 cm	Kulišhinaš (?)
No. 8	AO 20.157	6,7 x 5,7 cm	Kulišhinaš (?)
No. 9	AO 21.380	5 x 6 cm	Kulišhinaš (?)
No. 10	AO 21.381	4,8 x 4 cm	Kulišhinaš (?)
No. 11	AO 21.382	5,5 x 4,2 cm	Kulišhinaš (?)
No. 12	Collection privée	4,7 x 5 cm	Šûri (?)

NO. 1. AO 19.227

[*a*]*-na* ^{I}*mu-šab-ši-*^{d}*a-šur*
2 *qí-bi-ma*
um-ma ^{I}*a-bi-*dingir*-ma*
4 *ul-ta-ka-in a-na di-na-an*
en*-ia at-ta-lak*
6 *áš-šúm* gu$_4$-meš *hal-qu-te*
ša uru *ši-ku-ni-šìr*
8 *ša* en *iš-pu-ra-an-ni*
4 gu$_4$-meš *i-na* šu ^{I}*kaš-še ša hu-ṭa-ri*
10 *ša* uru *ša-mi še-ru-ba-a-ni*
a-na-ku ú-ṣa-bi-it
12 *sa-ra a-na* é *nu-ba-ri*
a-ṣi-li
14 *sa-ra ù* gu$_4$-meš
a-na ^{I}u-*ú*-ti-la
16 dumu *ú-ṣur-ri-ia*
at-ti-din ^{I}u-*u'*-ti-la
18 *i-na* uru-šà-uru *ša-'a-al*
šúm-ma sa-ra a-na qa-ta-te
20 *a-na* ^{Id}*a-šur*-ibila-sì-*na at-ti-din*
sa-ar-ta ša am-me-a
22 *a-na e-ma-di-ni a-na ia-a-ši*
li-me-du-un-ni
24 *a-na-ku pa-ni a-hi-ia la ú-bal*
[*p*]*a-ni* ^{Id}*a-šur*-ibila-kam *ú-bal*
26 [i]ti *ša ki-na-tu* u$_4$ 20.kam
[*l*]*i-mu* ^{Id}*a-šur*-sì-ibila

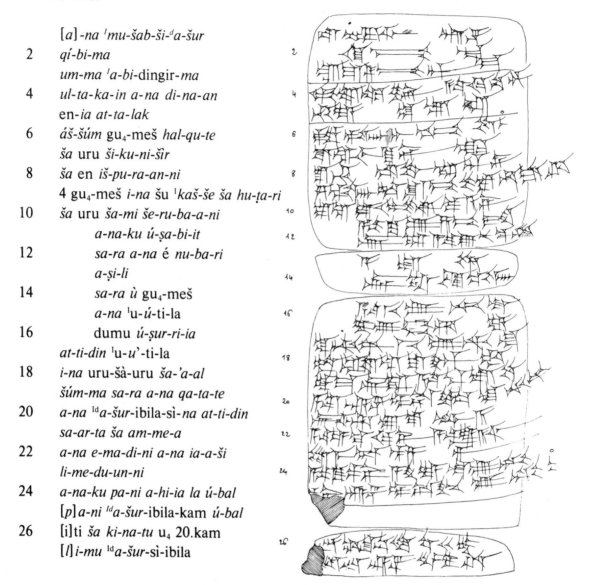

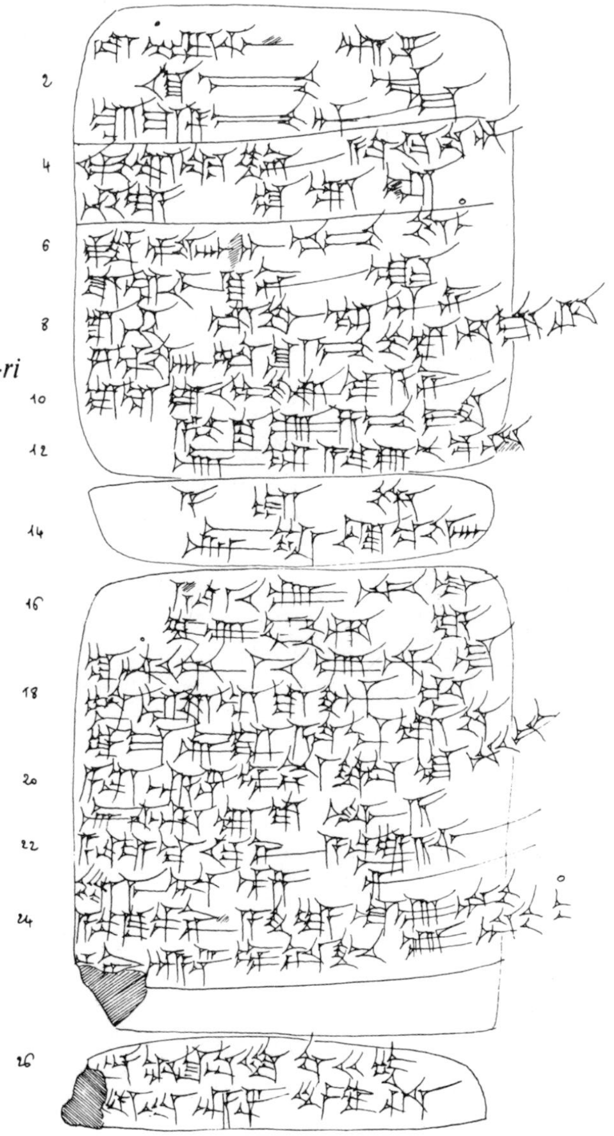

TRADUCTION

Dis à *Mušabši-Aššur*: ainsi parle *Abî-ilî*: je me prosterne, j'offre ma vie pour mon seigneur.

Relativement aux boeufs qui étaient perdus, ceux de la ville de Šikunišir, et à propos desquels mon seigneur m'avait écrit, les quatre boeufs, je les ai en personne saisis de la main de *Kaššû*, le *ša huṭâri*, qui les avait fait entrer dans la ville de *Šamu*. J'ai enfermé le voleur dans l'ergastule et j'ai livré par la suite, voleur et boeufs à *Adad-uballiṭ*, fils d'*Uṣurria*. Interroge à Aššur, *Adad-uballiṭ*. S'il est vrai que j'ai remis le voleur en gage à *Aššur-apla-iddin*, que l'on m'impute à moi-même le délit qui est à imputer là-bas! En ce qui me concerne, loin de prendre le parti de mon frère, c'est le parti d'*Aššur-apla-êreš* que je prendrai.

Mois de *ša kînâtu*, le 20;
Eponymat d'*Aššur-nâdin-apli*.

NOTES

l. 9: La lecture [I]*kaš-še ša hu-ṭa-ri* me paraît meilleure que celle, théoriquement possible, de [I]*bi-li-hu-da-ri*, nom propre d'explication douteuse. Le titre *ša hu-ṭa-ri* est cependant un hapax pour l'époque médio-assyrienne.

Un *ša huṭâri* existe dans la Néo-Assyrie (ABL 445), mais le contexte n'est pas assez net pour que l'on apprenne quelque chose sur ses attributions. Le rapport entre cet homme et la somme d'or mentionnée au début du texte ne m'apparaît point.

On peut remarquer, cependant, qu'à l'époque néo-babylonienne, le symbole divin *huṭâru* semble avoir quelque chose à faire avec des histoires de troupeaux. Dans AO 19227, le *ša huṭâri* est en rapport lui-aussi avec des bestiaux. Peut être faut-il partir du *huṭartu* signifiant "bâton," attesté dès Nuzi, ce bâton évoquant l'image de la "houlette". On pourrait donc tenter une traduction "pâtre" pour l'emploi médio-assyrien, au moins.

l. 21: la forme *am-me-a* m'est inconnue. Je l'ai comprise comme un adverbe construit sur le démonstratif, avec le sens de "là-bas".

l. 22: *e-ma-di-ni*, génitif de l'infinitif au quel s'adjoint le *-ni* de "subjonctif".

COMMENTAIRE

Les vols de bestiaux sont un lieu commun de la littérature cunéiforme de toute époque[1]. Si l'on comprend en gros l'histoire d'AO 19227, son détail est obscurci par la masse des noms propres qui sont difficiles à situer les uns par rapport aux autres. A prendre les choses le plus simplement, *Abî-ilî* semble se disculper auprès de *Mušabši-Aššur* d'avoir accompli une irrégularité en réglant une affaire de vol de bestiaux. Le voleur, sans doute *Kaššu*, le pâtre, a été arrêté et mis en prison. Toute la question vient de savoir si celui qui a recu livraison du fautif est *Adad-uballiṭ* ou *Aššur-apla-iddin*. Il semble que l'on ait accusé dans la capitale *Abî-ilî* de s'être servi de son prisonnier comme d'un moyen d'assurer une garantie auprès d'un créancier de son frère. Il est plus difficile de savoir comment situer *Aššur-apla-êreš*.

[1]En ce qui concerne l'époque médio-assyrienne, il faut sans doute ajouter aux exemples déjà connus TR 3024 (Iraq XXX pl. LXIV), comprise par l'éditeur comme "a census tablet": Quelles que soient les ll. 1-3, que faute de collation, je n'ose transcrire, il semble qu'il faille lire les ll. 4 sqq: [*áš-šúm*] 1 ^{d}utu-mu-*kar* dumu . . . , [ugu] I ì-g[á . . .], [du]mu ^{d}amar-utu-*re*?-[. . .], [*i-na pa*]-*ni* lú-meš di'-ku$_5$-[meš], [*id-*]*bu-ba-ni*, [*ma-a*] *sa-ar-te*, [o-]*ú-na-ni* . . . : relativement à ce que NP . . . contre NP$_1$ . . . par devant les juges se soit plaint, disant: "le vol/délit qu'il/que. . . ."

KAJ 100, quoique parlant de "garantie dans une affaire de vol," dans un contexte différent du nôtre, peut indiquer une facon d'expliquer notre texte. Dans ce document, dame *Damqat-Tašmêtu* donne une servante en dédommagement du délit que son fils *Ṣilli-Sîn*, pressé par le besoin, a commis. L'objet du délit a été saisi par *Pir'i-šu-lêšir*, le (*bêl*) *perri*,[2] en possession de *Ṣilli-Sîn*. Les activités d'*Abî-ilî* sont peut-être parallèles à celles de *Pir'i-šu-lêšir*. L'intérêt de KAJ 100 est cependant de nous montrer tous les arrangements auxquels une telle affaire pouvait mener. La ligne 10 montre que les "circonstances atténuantes" avaient été reconnues (il était "pressé par le besoin"); sa mère d'autre part donne un bakchich (*šulmânu*) à *Aššur-aha-iddina*, membre de la grande famille bien connue. Dans AO 19227, le voleur a pu se prêter à devenir serviteur gagé pour ne pas encourir le châtiment de sa faute. Si *Aššur-apla-êreš* est lui-aussi un grand personnage, il aurait pu escompter un *šulmânu* dans l'affaire.

Un *Adad-uballiṭ*, fils d'*Uṣurria* se retrouve dans AfO 13 (1939/40) p. 118, n. 25. Le résumé de Weidner est beaucoup trop succint pour qu'on puisse savoir s'il s'agit du même individu.

NO. 2. AO 19.228 (Copie p. 7)

[na$_4$-kišib ^{l}*pu-*]*ú-ia-e*
2 1$^{?}$ gú-un 20 ma-na an-na
[*ṭí-ri*]na$_4$ é *a-lim*
4 [ki] ^{l}en-*na-ṣir* dumu *a-zu-ki-ia*
[^{l}]*pu-ú-ia-e* dumu *bu-li-ia*
6 šu ba-an-ti *a-*[*d*]*i* 8 mu-meš-*ti*
ki-mu máš an-na *an-ni-e*
8 a-šà-*šu* *i*$^{!}$*-e-iṣ*$^{!}$ *ù ma-da*
a-gàr *ša*[i]*gi* é *a-bi-šu-nu*
10 *ṭih*$_x$ a-ša *pu-ri ša* ^{l}en-pap-*ma*
ù ṭih$_x$ <a-šà> *pu-ri ša* ^{ld}iškur-*ba-ni* šeš-*šu*
12 *ú-ka-al e-ta-na-ra-aš*
an-na máš *la i-šu*
14 [a-š]à-*šu ig-ri la i-šu*
[8] mu-meš *ú-šal-la-ma*
16 [a]n-na *i-hi-aṭ*
a-šà-*šu* *i-la-qí*

[2]Le nom propre pose un problème. C. Saporetti (*OMA*, p. 242) lit *ildat-kette*—UD.RI. Diverses explications ont été proposées pour le dernier élément UD-RI, les quelles ne sont pas bien convaincantes. J'ai tenté de le comprendre comme un titre, pír-ri pouvant en être un à l'epoque médio-assyrienne quand il est précédé de en/*bêl*. Pour son existence, cf. VAS XIX, 12 l. 11 où un *bêl perri* est chargé d'un travail de surveillance: 16 en-meš *pér-ri ša ma-ṣ*[*a*]*r-ta* šà-uru-šà-uru *ú-kal-lu-ni* (cf. pour l'expression MVAeG 41/3,14,13). Lire KAJ 100 l. 9, *ša pu-uš-qú i-na* GN [g]il-*šu*$^{!}$*-ni*.

18 [*š*]*úm-ma* a-šà *a-na* kù-babar *i-da-an*
ki-i a-šà *i-lu-ku-ni*
20 ^{I}en-pap *i-la-qé-e*
[*šú*]*m-ma* an-na *la i-hi-aṭ*
22 [*k*]*i-i pa-ni-ti-šu-ma*
^{I}en-pap-*ma ú-ka-al*
24 *pa-ha-at* a-šà *za-ku-e*' ^{I}*pu-ú-ia-ma i-ta-na-ši*
(kišib *ṣíl-lí-ia*)
26 igi *ṣíl-lí-ia* dumu *e-di-e*
[igi]^{d}iškur-di-ku$_5$ dumu *ri-iš-* ^{d}nà
28 [igi]^{d}iškur-kur-*ni* dumu *ki-di-ni*
[(kišib)] ^{d}iškur-kur-*ni*)
30 [igi ^{I}din]gir-*mu*-sig$_5$-*iq* dub-sar
[dumu . . .]-*bi-lu-a*
32 [kišib] dub-sar
[iti ^{d}nin]-*é-kál-lim* u$_4$ 2-kam
34 [*li-mu* ^{Id}*be*]-*er-na-din-šeš-*<*meš*>
([ki]šib ^{d}iškur-di-ku$_5$)

TRADUCTION

1(2?)talent(s), 20 mines d'étain, mesure selon les poids du *bît ali*, d'auprès de *Bêl-nâṣir*, fils d'*Azukia*, *Puiae*, fils de *Bullia* a recu. En guise d'intérêt de cet étain, (*Bêl nâṣir*) occupera pendant huit ans le champ de *Puiae*, peu ou prou, terroir face à la maison de leur père, jouxtant le champ, part de *Bêl-nâṣir* et jouxtant le champ, part d'*Adad-bâni*, son frère. Il y fera toutes activités agricoles.

L'étain n'aura pas d'(autre) intérêt. Son champ n'aura pas de loyer. Les huit ans accomplis, (*Puiae*) paiera l'étain et (re)prendra son champ. S'il vend le champ, *Bêl-nâṣir* le prendra pour le prix qu'il vaudra (J.-M.D.)/à condition d'en accomplir l'*ilku* (M.-J. A.). Si (Puiae) ne s'acquitte pas de l'étain, comme précédemment, c'est *Bêl-nâṣir* qui occupera (le champ). *Puiae* est garant que le champ n'est pas hypothéqué.

4 témoins;
le 2 de *Bêlet-ekalli*;
éponymat de *Bêr-nâdin-ahhê*.

NOTES

l. 7: Pour l'écriture *ki-mu* au lieu de *ki-i-mu-ú*, cf. C. Saporetti, Or. 35 (1966) p. 275.

l. 8: Le texte n'est pas clairement écrit. Quoi qu'il soit sûr que l'on doive retrouver

AO 19.228

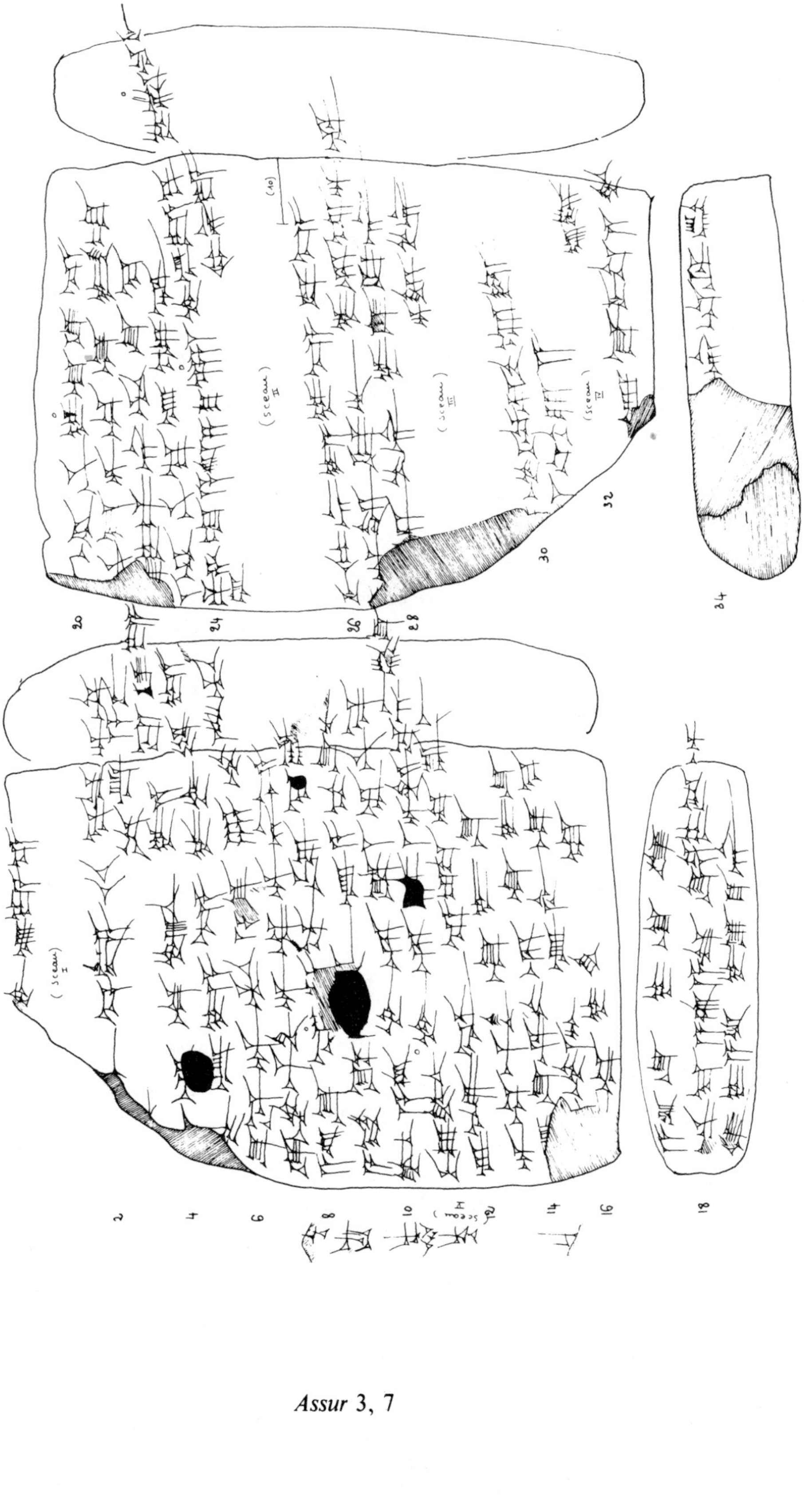

ici la clause *iṣu u mâdu*, de quelque côté que l'on tourne la tablette, aucune solution épigraphiquement convaincante n'existe pour lire les traces.

l. 9: Le signe igi est ce qui s'accommode le plus au sens et aux traces. En ce qui concerne le pluriel: "leur père" et non "leurs pères," cf. l. 11.

l. 10: cf. Or. 35/3, 275 (C.S.).

l. 11: D'après KAJ 132, il existe un *Adad-bâni*, fils de Bulliya. "Son frère" renvoie donc à *Puiae* non à *Bêl-nâṣir*. Il faut sans doute expliquer de même "maison de leur père," comme renvoyant aux deux frères (l. 9).

l. 12: La clause *êtanarraš* n'est pas très fréquente et se trouve, semble-t-il, dans les textes qui envisagent une longue occupation du sol, comme KAJ 13. KAJ 21,22 et 58 (1.18!) qui ne précisent pas de durée, semblent cependant indiquer que l'occupation durera longtemps. Il existe un contexte explicite dans PBS VII, 103 (OB), où le laps de temps (rétrospectif!) est de cinq ans. "Depuis 5 ans, j'ai pris à bail pour les mettre en culture, neuf arpents de terre (. . .); j'ai l'acte (qui l'atteste), je n'ai pas cessé de les mettre en culture, et je livre régulièrement l'orge, loyer du champ. Cette année, j'ai mis le champ en culture . . .," etc. L'opposition I,3 et I,1 est celle donc d'une répétition face à une action unique. Cela est bizarre, car il semble que la clause *êtanarraš* n'envisage pas de jachère. Il est vraisemblable donc que c'est parce qu'*erêšu* a le sens large d' "avoir des activités agricoles" et comprend, outre les clauses particulières d'entretien explicitement exprimées dans des textes comme KAJ 146 et 151, la nécessité de cesser les ensemencements périodiquement. En ce sens, la clause *êtanarraš* est une clause de sauvegarde du propriétaire et non, comme on pourrait le croire, la licence pour le créancier d'en user comme il le veut.

l. 14: Notre texte permet de corriger de façon satisfaisante KAJ 13,26 où l'impossible a-šà ga-ri nu-tuk (cf. CAD E p. 250a) est en fait à lire a-šà *ig-ri* nu-tuk. *igrû* est *plurale tantum* en assyrien. AHw ne donne que KAV 4, rs 8 (contexte peu clair!) comme exemple du mot en médio-assyrien, alors que CAD I pp. 44-45 n'en donne aucun.

l. 19: Pour cette expression, cf. Code médio-assyrien A Par. 45 et commentaire plus bas.

l. 24: Le texte porte *za-ku-UN*. Plutôt qu'une variante, la fin du E a dû être rédupliquée.

ll. 30-32: "scriba di KAJ 87?" (C.S.)

l. 31: La restauration ᵈ*be-er* semble immédiate. Il manque cependant le meš attendu à la finale pour le nom de cet éponyme.

COMMENTAIRE

Ce texte se conforme en gros aux textes d'emprunt médio-assyriens. Il comporte cependant comme singularités, l'importance de la somme empruntée (1 ou 2 talents et vingt mines) et la durée consentie au prêt. La somme est comparable à KAJ 26 où deux talents et vingt-cinq mines sont empruntés pour six mois. Les huit ans de l'emprunt sont un record. Koschaker (NKRAE p. 95) constatait: "parmi 57 prêts, je n'en ai trouvé que deux d'une durée de plus d'un an [KAJ 13 (6 ans) et KAJ 20 (5 ans)]." Il faut ajouter à ces exemples TR 3001 (5 ans) et VDI 80 (4 ans). Cf. K. Deller-C. Saporetti, Or. Ant. IX (1970) p. 38 n. 1.6.

Un dernier aspect remarquable est qu'il n'y aura pas de moratoire, mais simplement une continuation de l'occupation du sol par le créancier. Pour ce sens de *ukâl* "il tiendra en gage," sans *kî šaparti*, cf. C. Saporetti, Or. ns. 35 (1966) p. 278.

Notre texte propose d'autre part une expression qui est immédiatement parallèle à la formulation du code de lois médio-assyrien (A Par. 45, 64): *ki-i* a-šà *i-na* uru *šu-a-tu il-lu-ku-ni*. Il est traditionnel, jusqu'au dernier éditeur des lois, G. Cardascia, de voir dans ce passage une allusion à l'*ilku*. Le seul à ma connaissance à s'être écarté de cette interprétation est N. Postgate dans un article de BSOAS XXXIV (1971), pp. 502-508, qui sera examiné plus bas.

Le sens même des lignes 15-23 de notre texte, ne fait pas difficulté: a) au terme, l'emprunteur remboursera en étain et éteindra sa dette (ll. 15-17); b) dans le cas où il n'aurait point les liquidités nécessaires, il peut abandonner son droit de propriété (ll. 18-20); c) dans le cas où il n'a point de liquidités et où il n'abandonne point ses droits, le statu quo est prolongé (ll. 21-23). Quel peut bien être dans un tel contexte la motivation de la ligne 19? L'intérêt du nouveau propriétaire n'est pas évident, car, à une occupation fructueuse des lieux pendant huit ans, succèderait avec l'acquisition définitive du bien, l'obligation d'avoir à accomplir l'*ilku*. D'autre part le texte n'envisage pas qui, pendant la durée de l'emprunt, accomplirait l'*ilku*. Le gagiste n'ayant point à l'envisager avant de devenir propriétaire, ce ne pourrait être que celui qui a hypothéqué son bien. L'*ilku* pourrait donc être dissocié de la jouissance de la terre? Nous possédons pour l'époque paléo-babylonienne de pseudo actes d'adoptions qui servent en réalité à vendre une terre en viager. On pourrait penser qu'AO 19228 est en réalité une transaction où quelqu'un trouve, par le biais d'un prêt, à acquérir une terre d'*ilku* sans avoir à en assurer les charges. Ce qui ruine une telle façon de voir (outre que le palais n'aurait certainement pas laissé faire) c'est qu'au bout de huit ans, le débiteur peut se libérer en renoncant à sa terre.

Est-il possible d'autre part que l'expression *eqla(m) alâku(m)* signifie "accomplir l'*ilku* du champ?" L'expression est les deux fois écrite idéogrammatiquement, sans indiquer donc une lecture *eqla* ou *eqlu*. Sa répétition indique en tout cas que le texte du Code n'est point fautif.

A ma connaissance *eqlam alâkum* est enregistré dans le seul L. de Meyer, L'Akkadien des contrats de Suse, p. 156, citant MDP XXIII, No. 200, ll. 54-55. Il commente: "On est en droit de penser à une expression brachylogique pour *ilik eqlim* A *illik-ma*." Cette proposition est reprise par M. Stol dans *Studies in Old Babylonian History* p. 100. Il suffit de regarder le texte pour se rendre compte qu'il n'en est rien. Il s'agit d'une clause qui assure au nouvel acquéreur (NP_3) que la terre qu'il a achetée est libre de toute revendication: a-šà NP *ib-ba-qa-*[*ar-ma*], a-šà *šà* an-za-gàr *šà* NP_2, NP_3 *i-le-qì, i-le-qì-*[*ma*], *a-na ba-aq-ri, ù ru-gi-ma-an-ni*, NP_2 *i-*[*za-az*]: "Si le champ (vendu par) NP se voit revendiqué, le champ du mirador de NP_2, NP_3 (l'acheteur) le prendra; s'il le prend, NP_2 (donc un garant!) sera responsable envers contestation et revendication." Il n'y a pas d'*ilku* dans ce texte.

N. Postgate a donc eu raison d'essayer de chercher une nouvelle traduction pour l'expression du Code. Celle qu'il propose néanmoins ("whether the field and house[3] belong in that village") ne peut pas être transportée dans notre texte où l'expression est cependant identique. Je proposerai donc de prendre *alâku* au sens que possède ce verbe dans la formule qui envisage que le cours d'une denrée sur le marché puisse changer. Ce genre de formulation est clairement attesté à l'époque médio-assyrienne. *Ex. gr.* KAJ 61, 10: ki-lam-meš še-um *il-lu-ku*, an-na *i-hi-aṭ*: "il paiera en étain selon le cours qu'aura atteint l'orge." De cette formule a pu être abstrait un sens de "valoir," comme on dirait en français "revenir." Que ce sens de "valoir" pour *alâku* soit bien attesté pour l'époque néo-assyrienne est prouvé par les exemples réunis par K. Deller dans Or. ns 33 (1964) p. 257 sqq. Je n'en citerai qu'un: No. 1: mu-an-na *ki-i šá* 1 gín kù-babar bán še-bar *ta-lak-u-ni*, soit: "(Im) Jahre, da pro 1 šekel Silber 1 *sūtu* Getreide geht": "l'année où 1 *sûtu* d'orge revient 1 sicle d'argent"[4]. Cet usage est maintenant clairement établi pour l'époque médio-assyrienne par VAS XIX, 1 Vs I, 54′: 1 *šu-ši* anše še *i-na* g[iš-bá]n tur *a-na* 48 [anš]e še *a-na* giš-bán *hi-bur-ni ta-l*[*ik*] ou *ibidem*, 57′: 9 anše še *i-na* giš-bán tu[r *a-n*]*a* 7 anše 2 bán še *a-na* giš-bán *hi-bur-ni ta-lik*, soit: "60/9 ânées de grains selon le petit *sûtu* cela vaut 48 ânées/7 ânées et 2 *sûtu* pour la mesure du *bît hiburni*." Il faut donc comprendre *kî eqlu* (nominatif!) *illukûni*: "ce que revient le champ."

Que donne cette nouvelle traduction pour AO 19228 et le Code?

a) AO 19228: "*Bêl-nâṣir* prendra (le champ) pour le prix qu'il vaudra." Il sera remboursé par le fait qu'il deviendra propriétaire, mais il devra verser éventuellement à *Puiae* la différence entre la valeur globale de la terre et les 1 talent 20 mines représentant la créance. On comprend l'intérêt que peuvent avoir chacune des parties: une telle éventualité avantage le débiteur, puisque ce dernier, en cas de cours défavorable, laisse le statu quo et en cas de cours favorable, annule sa dette et empoche la différence.[5]

b) Le Code: Comme le remarque N. Postgate, la difficulté pour bien comprendre le texte, vient du fait que le rédacteur mélange à la fois le sort de la femme et celui de la terre. Les deux premiers types de femmes, *ala'ītu* du palais et femme de *hubšu*, ne nous concernent pas ici.[6] Seul est à envisager le cas de la femme qui, quoiqu'ayant le capital

[3]Sic, N. Postgate, op. cit., p. 502, alors que le texte original ne porte pas l. 64, *ù* é!

[4]Pour l'emploi explicite de *mâhiru* dans ce genre d'expression, voir l'exemple cité par K. Deller, *ibidem*, p. 261: *a-ki-i ma-hi-ri ša* NG.

[5]Pour une éventualité identique, cf. n. 29 (*in fine*) ad KAJ 168.

[6]En ce qui concerne le début du Par. 45 du Code, on peut faire les remarques suivantes: l. 48: Driver: "she has no father-in-law or son . . . ," traduction identique chez G. Cardascia. Or, le Par. 36 montre qu'il faut comprendre par "fils," un "fils majeur," ou "un fils capable de rapporter de l'argent à la maison" (capable de se louer). Le texte n'exclue donc point que la femme puisse être mère d'enfants en bas âge. Pour *emû*, il faut considérer qu'il y a de même, économie d'expression, et traduire "belle-famille," le terme étant ambigü en médio-assyrien (cf. Par. 31: beau père et gendre), signifie en fait "famille avec la quelle on n'a pas de rapports de consanguinité." Il faut remarquer que si le père de la femme n'a plus à la nourrir, il n'existe non plus aucune mention de ses frères. Elle est donc "sortie" définitivement de sa famille de naissance. Symétriquement, *emû* doit contenir les notions de "beau-père" et de "beau-frère."

l. 52: lire avec CAD A/1 p. : [*šúm-ma*] *a-la-i-tu ša é-kál-lim ši-it*.

l. 53: La solution la meilleure, est de restaurer avec CAD A[1] p. 391 a [*a-b*]*u-ša*; l'objection de G.

de son mari, est dépourvue de revenu.[7]

ll. 62-71: "les juges s'informeront auprès du maire et des notables de sa localité, de ce que vaut un champ dans ce bourg[8] et champ et maison seront vendus (ce prix là) en sorte qu'elle puisse subvenir à ses besoins pendant deux ans, et il lui verseront (cette somme). Elle continuera à habiter chez elle et on lui établira acte (de cela). Les deux ans accomplis, elle ira habiter chez l'époux de son choix."

ll. 72-88: le texte envisage ensuite deux possibilités:

a) ll. 72-84: cas d'un retour du mari: "Si par la suite, son mari perdu revient au pays, il pourra reprendre son épouse qui s'est mariée ailleurs, à condition de ne pas revendiquer les enfants qu'elle aurait donnés à son second époux, les quels seront à la garde de ce dernier; quant au champ et à la demeure qu'elle aura aliénés en guise de moyens de subsistance,[9] sous réserve que (le champ) n'ait point fait l'objet d'un acte patent du roi (cf. plus bas), il lui faudra verser ce qui a été versé à sa femme pour le reavoir."

b) ll. 85-88: cas du non retour: "s'il ne revient pas et qu'il soit mort à l'étranger, le roi donnera son champ et sa maison, à qui il les donnera."

L'idée fondamentale reste donc celle de N. Postgate, que la terre, capital disponible, est vendue[10]. Je propose, par contre que l'acheteur soit en fait l'état (le roi), non un particulier. D'après cette interprétation le roi se porterait acquéreur de la terre au prix local (estimation des anciens). La somme serait alors versée à la femme pour qu'elle la dépense en subvenant à ses besoins, tout en continuant à habiter chez elle: la femme *a'iltu* n'a donc point à devenir servante, tout le temps qu'elle attend le retour de son

Cardascia, LA p. 220, n'est pas recevable: ce n'est pas parce que le père engendreur n'a plus à nourrir sa fille, une fois qu'elle est mariée, qu'il est absolument impossible que dans la situation d'exception qu'elle connaît, elle revienne chez lui, quitte à faire "son travail"! Il s'agit d'une mesure "d'assistance," transitoire.

[7]Je comprends le texte: l. 58 *ú* [*šúm-ma a-il-tu ši-it*] l. 59 a-šà *ú* [é *e-ṣú-ú*] ou toute expression analogue, de même sens: "Si c'est une femme *a'iltu*, et que son champ et sa maison soient (trop) petits." Pour la l. 58, la restauration est assurée par le parallélisme des ll. 52 et 55.

Si cette restauration est assurée, on aurait une division tripartite de la société médio-assyrienne en "villageois du palais," "*hubšu*," "homme." Pour que ces trois catégories soient comparables, il ne serait point bon que l'une, ou plusieurs de ces catégories soit servile. Dans la définition de l'esclave, il va, semble-t-il, de soi, que son entretien dépende de son maître. Le Code ne devrait donc point se poser le problème de savoir ce que devient une femme esclave dont le mari est prisonnier. Il semble donc en découler que même ce qui est assurément ici la catégorie la plus basse, soit les "villageois", est formée de gens libres, et qui par là même ont à subvenir *eux-mêmes* à leur propre entretien. Pour le caractēre "libre," des *alaiû*, cf. Commentaire ā No. 5.

D'un autre côté, il est évident que la catégorie *a'ilu* est supposée avoir des revenus médiocres, d'où le fait que l'*ailtu* est contrainte de "manger son capital." Je proposerais donc que l'on n'assimile en rien cette séquence "villageois"— "*hubšu*"— "homme" avec la tripartition paléo-babylonienne bien connue: esclave *muškênu—awîlum*. Il me semble que ces gens sont définis par leur mode de résidence: soit sur des terres du palais, soit sur des terres privées qui ne leur appartiennent pas (*hubšu*), soit sur des terres privées qui leur appartiennent. La catégorie "2" pourrait d'ailleurs contenir les "villageois de tel ou tel individu privé," pour les quels, cf. p. 23 sqq.

[8]Pour ce sens de *alu*, non pas "ville" par opposition à "campagne," mais "localité" (non précisée), cf. n. 41 a l. 14 et KAJ, 50, 10: "dans une localité qu'on lui précisera" (*i-na* uru, [*š*]*a i-qa-bi-ú-ni-šu-ni*).

[9]L'expression est raccourcie: en fait, ce n'est pas elle qui a opérée la vente, mais les magistrats pour elle.

[10]Cf. ses remarques, op. cit., pp. 503-4 ad ll. 66-67, avec renvoi à l. 81, où il est fait de façon explicite, allusion à une vente.

époux. L'état, propriétaire, n'entrerait en possession du bien qu'au bout des deux ans. Cela ne serait point envisageable d'ailleurs si l'acheteur était un particulier; seul le roi est assez riche pour envisager que son argent puisse dormir tout ce temps-là.

Un problème particulier est posé par la l. 82: *šúm-ma a-na dan-na-at* lugal *la-a e-ru-ub*. Driver, AL, p. 415 traduit: "if he has not (re)entered the armed service of the king," G. Cardascia, LA, p. 218: "s'il n'est pas rentré à la forteresse du roi." C'est parce que *dannatu* est traduit dans cette ligne par forteresse qu'on considère d'ailleurs qu'il s'agit dans les ll. 59-88 "d'un militaire pourvu d'un fief" (G. Cardascia, LA, p. 221).

N. Postgate traduit: "if it? has not entered the . . . of the king," et commente le passé *e-ru-ub*: "it is awkward to have a man supposedly re-entering the armed force even before he has reclaimed his wife and land." Il est en effet vraisemblable que le texte aurait été formulé: "il rentrera au service du roi et reprendra son champ; s'il ne rentre pas au service du roi, il remboursera (l'avance du palais)." N. Postgate continue: "I therefore take it that the subject of *êrub* is the land, and this is supported by the preterite tense of the verb, which makes the action previous to the man's return. Therefore, I would propose that the phrase in some way describes the assumption of the lands into the royal domain, from which they cannot be redeemed by the original owner (exact semantic shift of *dannatu* uncertain)."

D'une façon certaine N. Postgate a vu juste. Je propose pour ma part de donner à *dannatu*, le sens d' "acte patent." *erêbu* serait à traduire: "faire l'objet de" ou "être mentionné par."[11]

Le parallélisme souvent établi avec le Code d'Hammurabi, Par. 27-28, n'en est pas un en fait. L'expression n'y signifie point: "faire revenir dans la forteresse," mais "faire prisonnier dans les *dannâtum*."[12]

Peut-on retrouver trace de ce genre de document qui réatribuerait une terre acquise ainsi par le roi? Je propose d'interpréter dans ce sens au moins certaines des tablettes dites "*zitti ekalli*."

Pour P. Garelli, *Sémitica* XVII p. 11, ces tablettes prouvent que "ces terres passaient de main en main par décision de l'autorité royale, qui conservait sur elles un droit de possession éminent". Il y a derrière cette question tout le problème de savoir si, au moins en droit, le roi d'Assyrie est le seul propriétaire de la terre.

Il faut souligner pour cette question, le rôle central de KAJ 162 et de KAJ 177. P. Garelli et N. Postgate ont vu le caractère principal de KAJ 162 [13]. Pour P.G. *Ilu-tišmar*

[11] *erêbu* construit avec *ana* et l'abstrait signifie "devenir ce que note l'abstrait," d'où *ana mârûtim erêbum*: devenir un fils (pour). Dans le Code, le sens serait plus concret: "pénétrer dans la tablette," "y être mentionné."

[12] Le passage est loin d'être clair et plusieures propositions ont été faites pour comprendre le sens de *turru* dans ces passages du Code d'*Hammurabi*. CAD D p. 89, traduit "who has been taken captive in a fortress of the king," exprimant par ce sens de "faire prisonnier," la vulgate. A ma connaissance, cependant, aucune proposition des commentateurs ne permettrait de voir dans ce passage du Code d'Hammurabi, le cas d'un soldat qui se réengagerait après une captivité. Le parallèle est donc purement formel et doit être abandonné.

[13] Deux tablettes au sceau de l'*uklu Aššur-bêl-nišê-šu*, concernant les terres d'un *nayyalu* et qui sont en la possession d'*Ilu-tišmar*, servent de gage à ce dernier contre un emprunt en étain et en grain. La fin du

jouit d'un "droit d'expectative," il n'est donc pas encore pleinement propriétaire. N.P. avance la proposition que cela est dû au fait que le *nayyalu, Šamaš-mâgir*, "was not yet dead and that arrangements for the land's distribution could still be made in advance" (p. 512). Cela est certainement la bonne explication, si on compare avec KAJ 177 (après mention du don de la terre, on trouve cette clause): "si personne ne vient le lui réclamer, hé bien cela lui est donné: il établira le caractère non hypothéqué de la terre et on lui écrira une *ṭuppu dannatu*"[14]. Il est difficile de ne pas considérer que ce document émane de l'administration royale[15]. Même situation d'attente dans KAV 212[16]. Tant que cette terre n'est pas *zakû*, le bénéficiaire peut l'utiliser, même pour un gage, mais non l'aliéner. Un autre des caractères "aberrants" de ce genre de texte, c'est que ce n'est pas celui qui donne la terre (le roi), qui, semble-t-il, soit celui qui a à établir que la terre n'est grevée d'aucune hypothèque. Les tablettes portant le sceau de l'*uklu*, comme KAJ 173 et KAJ 183 ne sont donc pas des actes définitifs, mais confèrent la possibilité de devenir un jour propriétaire. Le statut de ces terres qui n'ont pas encore été mentionnées dans une tablette "forte", ressemble donc de près à ce qui est mentionné dans le code pour le champ du prisonnier.

Ces terres sont parfois dites avoir appartenu à un *nayyalu*. Le terme a été beaucoup discuté. J. Nougayrol a proposé de voir dans ce terme[17] une désignation du "défaillant." S'il s'agissait cependant de quelqu'un de fautif, on ne comprendrait point pourquoi il n'y aurait pas confiscation pure et simple et réatribution sans délais. Le *nayyalu* doit plutôt être quelqu'un d'absent pour une raison indépendante de sa volonté, comme un prisonnier de guerre à qui on réserve ses droits. Je pense qu'une traduction par "empêché," "retenu" serait plus proche de la vérité en ce qui concerne ce terme.

Derrière le terme de *zitti ekalli* ne se cache donc point un droit que le palais aurait sur les successions ou autre phénomène de cet ordre mais seulement le fait que le roi a acquis un patrimoine privé[18]. Que ce terme de *zittu* recouvre la totalité du patrimoine

texte porte: "si ce territoire est définitivement assuré à *Ilu-tišmar* (*šumma . . . ana* NP . . . *i-zu-ku*), il le remettra à NP_2 (son créancier) et non à un autre." C'est à dire que l'abandon du gage éteindra la dette.

[14] ll. 13-17: *šum-ma i-na pa-ni-šu, ma-am-ma la e-ri-iš, ù ta-ad-na-aš-šu, ú-za-ak-ka-ma ṭup-pa dan-na-ta, i-sa-aṭ-ṭù-ru-ni-iš-šu* [pour la l. 14, cf. K. Hecker, An. Or. 44, Par. 138a].

[15] La tablette "forte" prend son sens du fait qu'elle est (plus) forte que tout autre document, donc qu'elle invalide tout autre acte de légitime possession. En ce sens, on utilise la tablette *dannatu* lors d'une aliénation de patrimoine. Ainsi la clause de KAJ 14, 27: *eqla uzakka ina ašal šarri imaddad u ṭuppa dannata ana pâni šarri išaṭṭar*. Pour les variantes, cf. N. Postgate, op. cit. p. 514 n. 67.

[16] Il faut comprendre sans doute ll. 1, sqq.: a-šà-*šu* [*me-r*]e-[*es-su*], *ù ki*-[*š*]*ub*-[*b*]*é-šu, a-šar e-zu-bu-ú-ni. . .*, etc.

[17] J. Nougayrol, PRU 3,29. Je ne peux comprendre, sur quelles bases contextuelles, W. Von Soden, qui possédait les références aux textes d'Ugarit, a pu proposer un sens de 'Bewässerer, ein Gärtner', dans son dictionnaire (AHw,717).

[18] Pour la critique de cette théorie, cf. N. Postgate op. cit., p. 510 n. 48. Il existe un texte d'où l'on devrait pouvoir conclure qu'un *zitti ekalli* peut faire retour au palais, quoique les commentateurs aient laissé en blanc le passage crucial (Koschaker, NKRAE p. 45 sqq. et Garelli, *Sémitica* XVII p. 10 n. 4). Dans KAJ 160, a) le sceau est certainement celui de *Kidin-Adad*; b) le mouvement de la tablette est le suivant: 1. la terre appartenait à *Igaie* qui fut *najjalu*; 2. *l'uklu, Erîb(a)-Adad* avait donné une tablette concernant ses biens à un *Tarṣu-šalim*; 3. Cette tablette fit retour au palais [(11) [*ṭup-pa*] *ši-a-ti*, [*a-na* é-gal *u*]*t-ta-ri-ú*; 4. Le dauphin *Aššur-uballiṭ* l'a vendue à *Kidin-Adad*.

est maintenant prouvé par VAS XIX 41: “Part du palais sur la demeure de *Bêl-šunu*, fils de *Mâr-Adad; Aššur-rîm-nîšê-šu*, l'*uklu*, l'a donnée à *Igaršemit*, fils d'*Azuzia*. (Ce dernier) prendra (l'équivalent de) trois talents et ce qui restera, on le prendra pour le palais. Si sans (attendre) ceux qui feront le partage, il s'entend à l'amiable et prend (son dû),celui qui le dénoncera et l'accusera, prendra cette part du palais[19].

Le texte est incompréhensible si *Igaršemit* ne prend pas qu'une partie de la *zitti ekalli*, quoique ce qu'il doive prendre lui-même ou celui qui dénoncerait ses agissements malhonnêtes, s'appelle aussi une *zitti ekalli*. L'accord qu'il pourrait passer, ne peut l'être qu'avec les membres de la maison de *Bêl-šunu*, qui lui diraient quoi prendre, en échange certainement d'une ristourne. Il est possible qu'ici il ne s'agisse point d'un défaillant, mais de quelqu'un dont la terre a été confisquée par décision royale. On voit en même temps que *Igaršemit*, est payé non point en terres, mais sans doute en biens meubles.

NO. 3. AO 19.229 (Copie p. 16)

[na$_4$-kiš]ib ^{I}ìr-^{d}*še*-[*ru*-]*a*
(sceau)
2 38 1/2 ma-na an-na
ṭí-ri na$_4$ é *a-lim*
4 *ša* é *an-nim*
ša šu ^{Id}iškur-*ma-lik* dumu dingir-kam
6 ^{I}ìr-^{d}<*še*>*-ru-a* dumu ^{d}utu-*a-bi-e-di*
dumu *pa-li-hi sa-hi-ri*
8 *ša* ká ^{d}amar-utu
šu ḫa-an-ti *a-na* 6 iti-*hi*
10 sag-du an-na ì-lá-e
e-da-nu e-ti-iq-ma
12 an-na *a-na* má[š] d[u-*a*]*k*
ki-i ša-par-t[*i*]
14 é-*s*[*u ša*]
i-na ká ^{d}[amar-utu-*ni*?]

Ce texte ne prouve certainement pas que le Roi garde une possession éminente sur les *zitti ekalli* et qu'il les récupère en bout de course. Il est seulement l'attestation de la précarité de la possession de telles terres tant qu'il n'y a pas eu un texte définitif. Comment pourrait-on sinon croire qu'un créancier accepte qu'une dette puisse être éteinte contre la remise d'une telle terre, alors que le Roi en définitive, reprendra la dite terre? Le créancier fait bien préciser d'abord que la terre doit être *zakû* avant de pouvoir servir de remboursement.

[19]ha-la *é-kál-lim, ša* é ^{I}en-*šu-nu* dumu dumu-^{d}iškur, ^{Id}*a-šur-ri-im-ni-še-šu* ugula-*lúm*, *a-na* ^{I}*i-gar-še-mi-it* dumu *a-zu-zi-ia*, *it-ti-din* 3 gú-un an-na, *i-la-aq-qí re-ha-ti, a-na é-kál-lim i-la-aq-qí-ú, šúm-ma ba-lu*, lú *mu-zi-i-zi, im-ma-ag-ga-ar, i-la-aq-qí*, h[a-la] *é-kál-lim an-ni-ta, lú a-k*[*il kir-ṣi*] *ù ba-ti-qa-an-šu*, *i-la-aq-q* [*í*]. Pour l'idée, cf. KAV 1, v. 82.

16 *ša-ki-in* an-na
ù máš-meš-*šu i-da-an*
18 é-*su i-pa-ṭar*
an-na *an-ni-ú*
20 *ša muh-hi* ^{I}BU-*a-ni*
dumu dumu-u_4-20-kam *ša'-aṭ-ru-*<*ni*>
22 ša *a-na* ^{I}*i-qí-iš-* ^{d}iškur *a-na ša-du-ni*
^{Id}iškur-*ma-lik i-di-nu-ni*
24 kišib ^{I}*i-qiš-*^{d}iškur
igi *i-qí-iš-*^{d}iškur dumu ìr-^{d}*še-ru-*<*a*>
26 igi ^{d}*a-šur*-ur-sag dumu ^{d}en-[o-x-]-*ti*
igi [. . . . .]
28 [igi . . . .]
[iti . . . .u_4-x-kam *l*]*i-m*[*u*]
30 ^{Id}mu[at]i-*de-na-i-te*
[kišib] dub-sar
kišib ^{d}a-šur-ur-[sag]

TRADUCTION

Trente huit mines et demi d'étain, poids du *bît ali*, appartenant au temple d'*Anu*, service d'*Adad-mâlik*, fils d'*Ilî-êreš*, *Urad-Šerua*, fils de *Šamaš-abi-edi*, fils de *Pâlihu*, le garde de la porte de Marduk, a reçu. Au bout de six mois, il paiera le capital de l'étain; si le terme passe, l'étain aura un intérêt; sa maison de la porte de Marduk se trouve en gage. Dès qu'il donnera l'étain et l'intérêt de ce dernier, il libèrera sa maison. Cet étain est celui qui avait été inscrit au débit de *BU'anu*, fils de *Mâr-ešrê* et qu'*Adad-mâlik* a donné à *Iqîš-Adad* pour qu'il le distribue.

Quatre (?) témoins;
Jour et mois brisés;
Eponymat de *Nabû-dêna-ide*.

NOTES

l. 6: Le texte est sans doute fautif pour *Pa-li-hi-*<*ia*>, à moins que le nom propre n'ait revêtu l'apparence *Pâlihu*. Cf. KAJ 63,5.

l. 7: Le *sa-hi-ru* était déjà mentionné dans la lettre médio-assyrienne publiée dans MCS 2 p. 14. Le AHw l'a enregistré sub verbo *sâhiru*, avec le sens de "Kaufmann(?)." Un autre mot possible *sahhiru* ne reçoit dans le AHw que le sens de "démon" ou de "colporteur" (Hausierer). Rien de tout cela ne convient à notre texte. Le terme qui dans MCS 2 p. 14 reprend *sa-hi-ru* est $erin_2$. Le *sa-hi-ru* ne serait donc point un très

AO 19.229

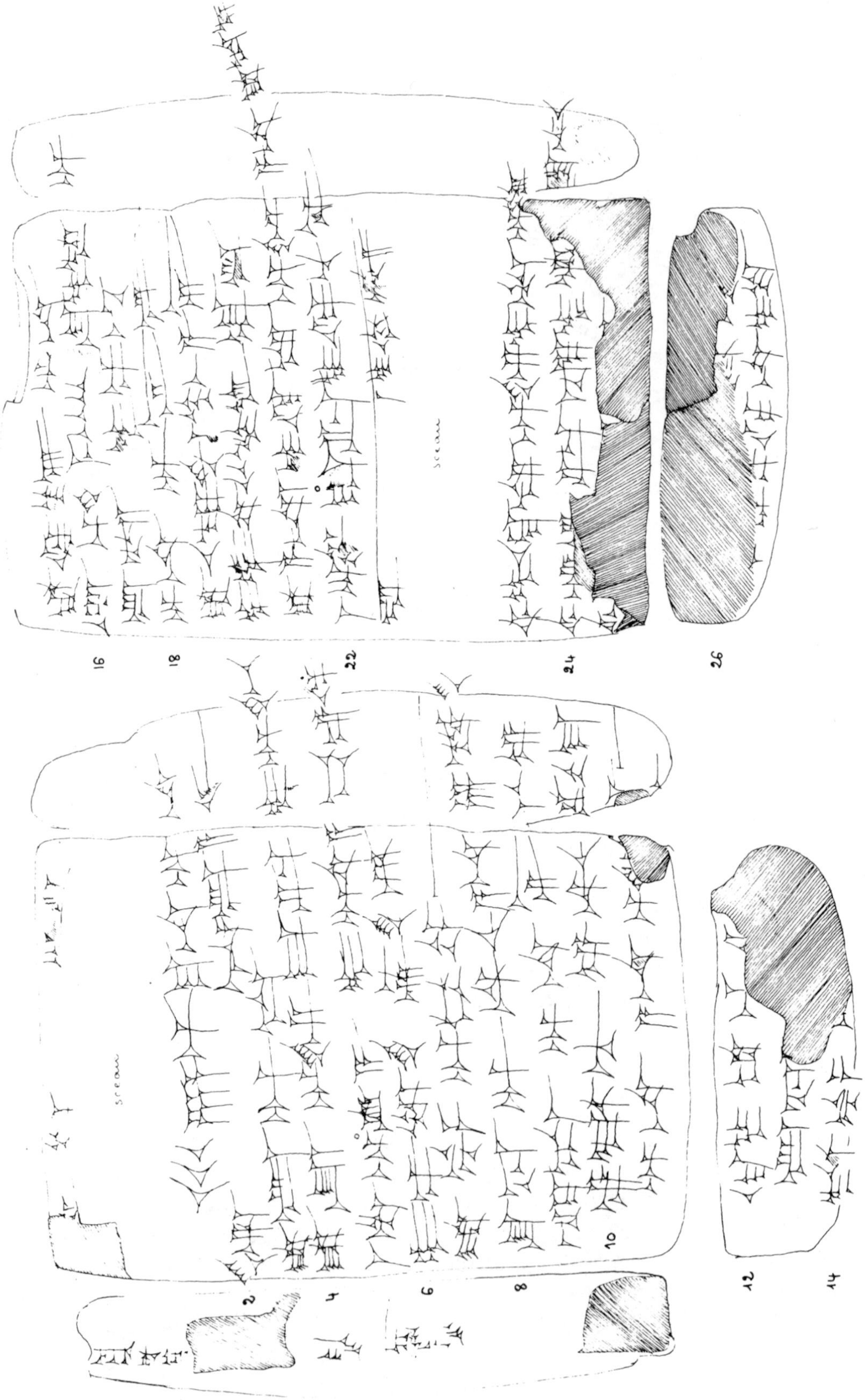

Assur 3, 16

haut personnage. Il est mentionné d'autre part avec un *mâkisu* et un *êpeš hurâṣi*, donc deux personnes qui de près ou de loin, ont rapport aux métaux précieux, ou à des fonds divers. AO 19229 nous le montre d'autre part en rapport avec une porte, ce qui est aussi un lieu d'échanges économiques. Le *sa-hi-ru* peut donc être l'équivalent d'un portier né-du$_8$. Au propre son nom désigne quelqu'un qui fait une ronde[20].

l. 20: Le nom propre *BU-a-ni* fait penser au OB *B/Pu-ha-nu-um* (cf. Ranke, *Personal Names* . . . p. 76). Ce nom propre n'est peut-être qu'une variante du *ši-ir-ha-nu-um* de MAD 5,5,3.

l. 22: Pour la clause *ana šadduni*, cf. le très clair KAJ 109: des travailleurs ont reçu sur les stocks de *Meli-sah*, gouverneur de *Nahur*, du grain. Ce grain, un *qepû* l'a perçu d'un "fils" (serviteur?) du gouverneur. Le *qepû* est ici, clairement, comme ailleurs, l'intermédiaire officiel. Il le donne *ana šadduni* au gouverneur de la province où sont domiciliés ces travailleurs. La meilleure traduction en français est donc "pour qu'il les distribue." D'une façon normale, le texte porte le sceau du gouverneur chez qui résident les travailleurs, puisque c'est lui qui touche les fonds[21].

l. 24: Cet *Iqîš-Adad* peut être le même que celui qui opère le transfert des fonds. Ce pourait être aussi le même que le *sangu* de même nom que mentionne la grande liste des "prêtres" du temple d'*Anu-Adad*, soit KAV 26, r. 14', au voisinage des "fils d'*Ilî-êreš*," parmi lesquels (cf. plus bas commentaire) pouvait se trouver l'*Adad-mâlik* de notre texte.

l. 31: Le *limmu*, nouveau?, doit peut-être s'interpréter comme comportant la graphie -*i-te* pour -*i-de*? "Peut-être *Aššur*$^?$*-ke-na-i-te*" (C.S.).

COMMENTAIRE

Notre texte illustre un aspect peu documenté par les textes médio-assyriens, soit le prêt consenti par un temple. Il s'agit en l'occurence du temple d'*Anu-Adad*. Le service—ou un des services?—de prêt était dirigé par *Adad-mâlik*, non documenté dans le répertoire de C. Saporetti. Il n'est cependant pas impossible qu'il fût mentionné parmi les "fils d'*Ilî-êreš*" dans la partie brisée du revers de KAV 26, 17' soit la grande liste du

[20]Que le portier ait un rôle de ronde est prouvé par le texte (médio-babylonien) BE XIV, 129: ta ká ^{I}*ki-din-*^{d}*gu-la*, en *mu-ter-ti*, *qa-ab-li-i-ti*, en-nu-un *šá* ^{I}*ta-ri-bi*, lú né-du$_8$ *ša mu-ter-ti*, *ša ki-li a-na mu-te-er-ti*, *uṣ-ṣa-am-ma*, *it-ti ša-ni-im-ma*, *id-da-ab-bu-um-ma*, [^{I}*t*]*a-ri-bu*, [*hi-*]*ṭa in-né-*[*em-mi-id*]: "Depuis la poterne que surveille *Kidin-Gula*, jusqu'à la porte du milieu (c'est ce que doit) garde(r) *Taribu* le portier de la porte de la prison. Qu'il s'éloigne de la porte, ou qu'il parle avec quelqu'un, *Taribu* en sera puni!" Son domaine est donc compris entre la sortie qu'il contrôle et la plus proche de lui, laquelle est à la charge d'un autre collègue. Cet espace suppose donc non point que nous ayions à faire à un planton, mais à quelqu'un de mobile.

[21]P. Garelli me signale la même interprétation chez C. Saporetti, *Atti* . . . *Lincei*, 1970, p. 438 et K. Deller-C. Saporetti Or. Ant. IX (1970) 46 et n. 5.

A cet exemple, on ajoutera l'intéressant VAS XIX,53 où un bijou$^{(?)}$ est donné sur les biens du palais (*ina libbi ekallim* [pour ce sens, cf. C. Saporetti, *Atti* . . . *Lincei*] par *Ninurta-apil-ekur* à sa fille Muballiṭat-[. . .], grande prêtresse d'une divinité quelconque, pour qu'elle le remette à cette dernière: *a-di ša pa-an* ^{d}[. . .], *ša-du-nu-ša* [. . .], *ú-ti-ru-ni*, *ša qa-at*$^?$ NP [. . .]: "jusqu'à ce que par devant la divinité . . . , la remise par elle . . . , et qu'on le rende . . . il sera gardé dans le service de. . . ."

personnel de ce temple. La mention d'un *Iqîš-Adad* à proximité (cf. ci-dessus *ad* 1.24) peut être une indication qui va dans le même sens.[22]

L'étain est dit appartenir au temple et se trouver dans le service d'*Adad-mâlik*. On peut remarquer, à ce propos, que le service du temple d'*Anu-Adad* utilise les poids du *bît ali* et non point un système propre au temple.[23]

Le mécanisme du prêt appelle quelques commentaires. A en croire la l. 11, l'intérêt est du genre moratoire ("si le terme vient à passer, l'étain aura un intérêt"). Cela est contredit par la ll. 16-18: "quand il aura payé étain et intérêt, il libèrera sa maison." Ou bien l'expression est maladroite, ce qui est sans doute le plus vraisemblable, et il faut comprendre à la l. 17, *ù* máš-meš-*šu* par "ainsi que l'intérêt (éventuel)," ou comprendre qu'en cas de non-paiement à l'échéance l'étain connaîtra un intérêt *et* que la maison de l'emprunteur sera mise en gage. Cela voudrait dire que l'exploitation de la maison prise en gage, serait ce moratoire. Comme il n'est pas possible, dans le cadre de cette étude d'envisager les implications de la question pour le thème de l'emprunt médio-assyrien, elle est pour l'heure laissée sans réponse.

Il est remarquable d'autre part que la somme prétée à *Urad-Šerua* est précisée avoir été celle qu'on avait remise à un certain *BUanu*. Cela semblerait donc indiquer que la motivation des sommes de ce service était bien d'être prétées. Le service tenait, comme c'est naturel dans la comptabilité mésopotamienne, trace de l'origine des fonds réattribués. Il ne semble donc pas que ces emprunts aient été occasionnels, un fonctionnaire puisant dans le fond commun, au fur et à mesure des occasions de prêt.

Adad-mâlik, d'ailleurs, était certainement un haut personnage: il ne traite pas directement avec l'emprunteur, mais quelqu'un, un de ses subordonnés, sans doute, est chargé de remettre les fonds.

No 4. AO 20.153 (Copie p. 21)

8 anše 5 (bán) še
2 *ša ki-din-mar-tuk*
dumu ìr-^{d}iškur mušen-d[ù]
4 ^{Id}*a-šur-re-ma-ni*
dumu zalag$_2$-^{d}*a-šur*
6 *il-qi i-na ad-ri*
sag-du še
8 *i-da-an*
ṭup-pu-šu

[22]Pour la date de KAV 26, cf. cependant C. Saporetti, op. cit. [2] p. 287: médio-assyrien avec doute.

[23]Les textes lexicaux mentionnent des "pierres d'*Anu*," qui pourraient faire allusion à un système pondéral précis, comme cela se passe pour les "poids de *Šamaš*", quoique l'entrée lexicale (MSL X p. 9 l. 154 et cf. p. 20) soit parmi les pierres précieuses. Les "poids d'*Anu*" se trouvent, en fait, mentionnés maintenant clairement parmi les différents systèmes pondéraux de Mari. Cf. ARMT XXI, ch. II.

10 *i-hap-pi*
igi ^{Id}iškur-sig$_5$
12 dumu ^{d}šakkan-*ti-de*
igi *su-ti-ú*
14 dumu ^{d}utu-*ši*-igi-*ni*
igi ^{d}iškur-*re-ú-ni*
16 dumu gìr-^{d}iškur
iti *ku-zal-lu*
18 u$_4$ 4-kam *li-*
mu ^{d}*a-šur-da-a-an'*

TRADUCTION

8 ânées et cinq ban de grain: bien de *Kidin-Marduk*, fils d'*Urad-Adad*, qui s'occupe de la basse-cour; *Aššur-rêmannî*, fils de *Nâmer-Aššur*, (les) a pris. Sur l'aire, il remboursera le capital en grain et sa tablette sera brisée.

Trois témoins;
le 4 de *kuzallu*;
Eponymat d'*Aššur-da'an*.

NOTES

l. 2: cette graphie phonétique de *Marduk*, pour l'epoque médio-assyrienne, me paraît sans parallèle, mais les traces ne se prêtent pas à lire MAR.TU, lequel serait, puisque non-phonétique, précédé de l'idéogramme divin.

l. 3: Pour un *ušandu*, à l'epoque médio-assyrienne, cf. KAJ 51,5.

l. 12: Pour Šumugan dans un NP de l'époque, cf. VAS 19, 38, 15 (C. S.). C.S. lirait "peut-être DINGIR-*Ke'-ti-de*?"

NO. 5. AO 20.154 (Copie p. 21)

^{I} šeš-du$_{10}$-ga-*bi*
2 ^{Id}*ti-iš-pa-ak-ka*-di-ku$_5$
^{I}*ṣíl-lí-húb-bu-ši-ša*
4 dumu ^{I}*a-bi*-dingir-*li*
dumu ^{I}*a-bu*-du$_{10}$-ga
6 *a-la-ia-ú*^{meš}
ša ^{I}ir-dingir-meš

8 dumu ^{I}*ki-din-*^{d}*šùl-ma-ni* dumu ^{I}ìr-^{d}*taš-me-tú*
i-na mi-ig-ra-at <*ra-mi-ni-šu-nu*(?)>
10 *ip-ṭí-ri-šu-nu*
a-na ^{I}ìr-dingir-meš
12 en-*šu-nu*
i-ta-nu-ú
14 [*p*]*a-ha-at* <*iš-tu*>
[še]š-*e*^{meš} *z*[*a-ku-e*]
16 ^{I}ìr-dingir-meš *n*[*a-ši*]
igi ^{Id}*be-er-ú-bal-li-su*
18 dumu ^{I}*ṣíl-lí-ku-be*
igi ^{Id}*a-šur-mu*-kar
20 dumu ^{Id}*a-šur*-šeš-sì-*na*
[igi] ^{Id}*a-šur-i-din*
22 [dumu] ^{Id}utu-*ú-ma-i*
igi ^{I}*ṣíl-lí*-^{d}mar-tu
24 dumu ^{Id}mar-tu-pap
[ig]i ^{I}*ki-din*-^{d}*taš-me*-[*tú* dumu ^{I}o-]^{d}iškur
26 iti *ṣi-pu*
u_4 13-kam *li-mu*
28 ^{Id}*a-šur-ereš*
kišib [^{Id}*be-e*]*r-ú-bal-li-su*

TRADUCTION

Ahu-ṭâbî, *Tišpak-da'an*, et *Ṣilli-hubbuši-ša*, fils d'*Abî-ilî*, fils d'*Abu-ṭâbu*, villageois d'*Urad-ilâni*, fils de *Kidin-Šulmânu*, fils d'*Urad-Tašmêtu*, de leur plein accord, une fois qu'ils auront donné leur rachat à *Urad-ilâni*, leur maître, *Urad-ilâni* est garant qu'ils seront quittes en ce qui concerne ses frères.

5 témoins;
le 13 de *Ṣippu*;
Eponymat d'*Aššur-êreš*.

AO 20.153

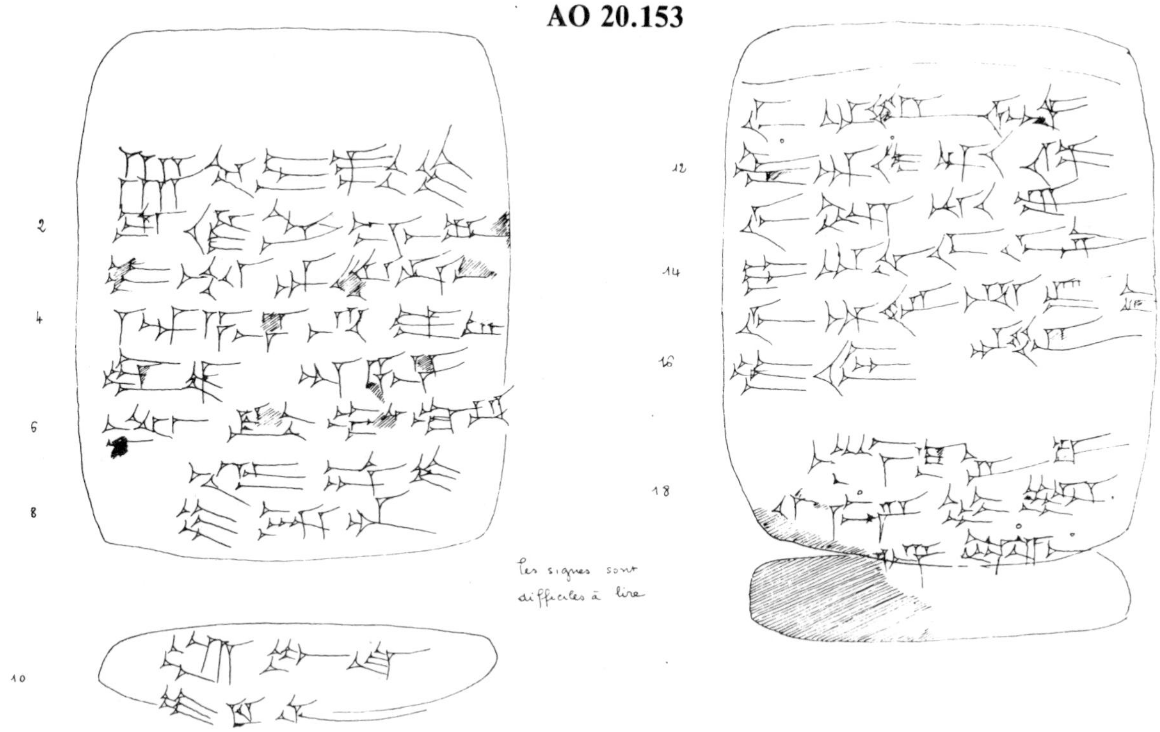

AO 20.154

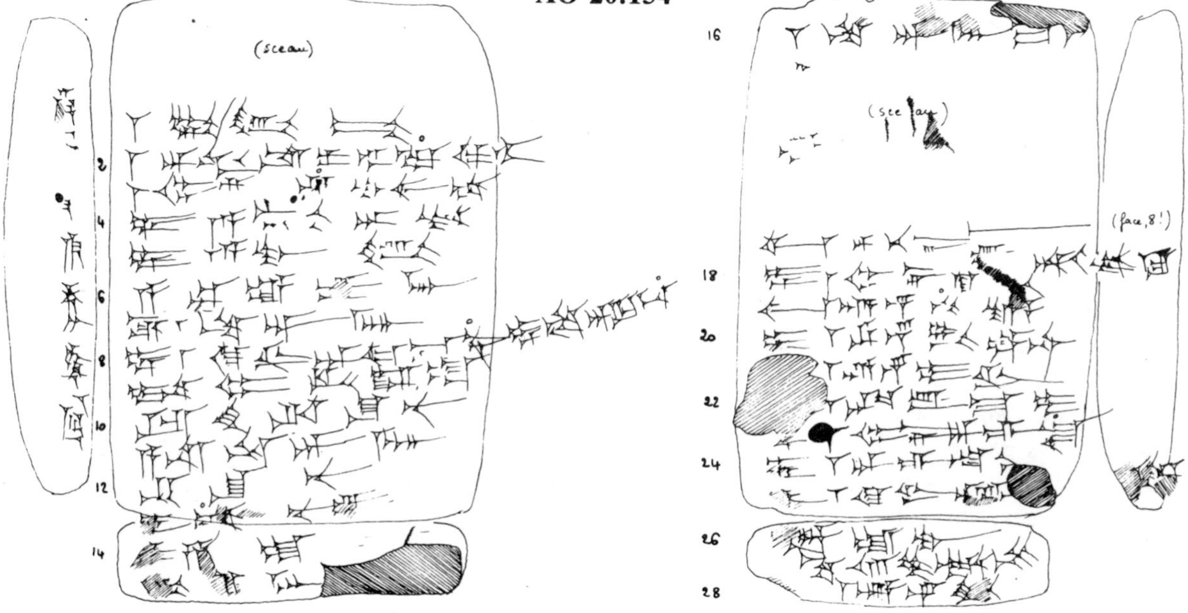

NOTES

l. 1: D'après C. Saporetti, *Studia Pohl* 6/1 p. 78, *Ahu-ṭâbi* devrait être le géntif d'*Ahu-ṭâbu*. Une telle explication n'est pas envisageable ici, d'où la lecture *Ahu-ṭâbî*, pour ce nom propre.

l. 2: Aussi bizarre que puisse paraître la graphie du dieu *Tišpak*, il ne semble pas possible de lire autrement la tablette. Pour M.-J. Aynard, une lecture ^{d}*ti-iš-pa-ak-lu'*-di-ku$_5$ serait à envisager, mais elle me semble faire violence à la graphie.

Pour une attestation de *Tišpak*, sous sa forme idéogrammatique, en médio-assyrien, voir les remarques de N. Postgate dans BSOAS XXXIV (1971) p. 510 n. 48(h). C. Saporetti, op. cit. p. 187 lit le nom de la divinité ^{d}bur. Le même idéogramme est certainement à retrouver dans Sumer XXIV, p. 37, 4 où le nom propre est de la forme *Tišpak-ia*. Autre transcription dans C. Saporetti, op. cit. p. 142. Cette lecture est, me semble-t-il, prouvée par VAS XIX, 25, 11, qui, comme VAS XIX, 11, fait partie du même lot d'archives que celles publiées dans Sumer XXIV.

l. 3: Le nom propre, tel quel, m'est inconnu. On ne peut le comparer avec le simple *Hubbušu* qui serait à restaurer dans MAOG 3/1 p. 37 l. 5 selon une proposition de C. Saporetti, op. cit. p. 227, au lieu de *Hubbutu* de l'autographie. Ce dernier nom propre est attesté de nouveau pour le médio-assyrien par VAS XIX, 21, l. 12 où on peut lire: *húb-bu-te* lú-má-lah$_5$.

l. 4: Pour un complément phonétique de ce genre, cf. VAS XIX, 71, ll. 29-30: *ki-i ša ṭé-mu-ni* en-*li*, *li-iš-pu-ra*: "que mon maître m'écrive ce qu'il en est."

l. 8: Pour ce *-tú* à la place du *-te*, attendu, cf. C. Saporetti, op. cit. /2 p. 99 à NP *mâr-a-ha-tú*. Pour l'onomastique en *Tašmêtu*, nombreux exemples nouveaux dans VAS XIX n. 57.

l. 13: Le texte est difficile à lire car il se trouve, parmi des cassures, juste sur le rebord de la tablette. Après examen répété des traces, la proposition de lecture de M.-J. Aynard et de J. Nougayrol, *i-du-nu-ú* ou *i-da-nu-ú* a du être écartée. La lecture *i-ta-nu-ú*, fait cependant problème. Une dérivation d'*enû* I,2 doit être écartée, car la forme serait *i-te-ni-ú*, non attestée semble-t-il. *i-ta-nu-ú* ne peut donc être qu'une forme parfait du verbe "donner," la quelle est attestée par OIP 79 no. 5, l. 18. La longue finale est cependant sans aucun parallèle dans le catalogue dressé par C. Saporetti (La morfologia del verbo *ndn/tdn* nel medio-Assiro, dans Studi sull'Oriente e la Bibbia pp. 35-38). Il est vraisemblable que l'on a ici (comme souvent dans ces textes médio-assyriens!) un énoncé incorrect, et (avec hésitation) j'ai suivi l'idée de J. Nougayrol de suppléer, e.g. un *ra-mi-ni-šu-nu* disparu.

l. 15: Le signe šeš est très vraisemblable, épigraphiquement. La encore, le texte ne semble pas excellent. Pour la restauration d'un énoncé cohérent, je me suis inspiré de KAJ 167, qui dans un contexte très semblable, offre l. 15 sqq. *pa-hat iš-tu* šeš-^{meš}-*šu,za-ak-ku-e*, ^{Id}*a-šur-re-ṣú-ia-ma* (soit le maît des *alaiû*), *na-ši*.

COMMENTAIRE

Malgré ses difficultés de lecture, qui viennent d'une graphie négligée, ce texte présente le grand intérêt de nous fournir une nouvelle occurence du terme *alaiû* en relation avec le phénomène de l'*ipṭîru*. Dans AO 20.154 comme dans KAJ 7 et KAJ 167, l'*ipṭîru* est ce qui permet à un *alaiû* de quitter son lieu habituel de résidence.

1) le cas de KAJ 167: une certaine *As(u)at-Digla* était entrée dans la demeure d'*Aššur-rêṣu'a*. Ce dernier, sans l'adopter, s'était comporté envers elle comme un père nourricier. C'est vraisemblablement ce qu'il faut déduire de l'hendyadis (1.4): *ša a-*[*na*] *ba-lu-uṭ ù le-qí*, *a-na* é $^{I\,d}$*a-šur-re-ṣú-ia*, (. . .) *la-qí-ú-tu-ni*. Le CAD a compris l'énoncé comme notant *deux* actions différentes. Ainsi CAD B p. 61a: "who was taken into the household of PN . . . to be provided for and to be adopted" et CAD L p. 138a: "who was taken into the house of PN to be kept alive and for adoption." Il vaut mieux comprendre en fait *balluṭu* et *laqâ'u* comme signifiant: "recueillir par charité"[24].

Cela indique son statut ambigü. Si elle avait été une vraie fille, adoptée, son mariage aurait entraîné la remise d'une dot, alors qu'en fait le futur époux donne en remplacement d'elle, une certaine *Šubrîtu*. Si, comme le dit P. Garelli (*Sémitica* XVII (1967) p. 13) *As(u)at-Digla* était entrée au service d'*Aššur-rêṣu'a* pour cautionner une dette, on ne comprendrait point l'emploi de *bulluṭu* dans ce contexte[25].

On voit donc toute l'ambiguité du terme d'*amtu* en ce qui concerne *As(u)at-Digla*. On peut, dans un sens, parler de sa servitude, puisqu'elle est libérée de son *amtûtu*, mais elle était restée *aššurîtu*, le quel terme peut difficilement n'être qu'un simple ethnique, et doit comporter la notion de liberté. *Aššur-rêṣu'a*, ayant assuré son existence et l'ayant sauvée du dénuement, a droit en contre-partie, à son salaire ancillaire. Il n'est pas nécessaire de parler de liberté aliénée ou amoindrie. Il vaut mieux considérer que jusqu'à son mariage, la jeune fille n'avait pas encore sa place définitive dans la société assyrienne, qu'en d'autres termes elle était une "déclassée".

Tout cela est bien illustré par le Code Médio-Assyrien A Par. 39. Ce texte considère le mariage d'une femme, décidé par quelqu'un qui n'est pas son père engendreur. Le paragraphe distingue très nettement deux cas:

[24]Cette expression est documentée, entre autres, dans les Siege documents publiés par L. Oppenheim, Iraq XVII (1955). L'éditeur a cru retrouver dans ces textes une entreprise montée par plusieurs capitalistes pour se constituer, grâce à la misère de Nippur bloquée par le siège, un cheptel d'esclaves. Il n'est pas assuré, cependant, que l'on ait là les archives de négriers, plutôt—de façon radicalement opposée!—des témoignages de charité envers des concitoyens pauvres. Un indice de cela pourrait être cet emploi qui étonnait L. Oppenheim, de *paṭâru* pour "acheter." L'explication par un euphémisme est ingénieuse, mais l'est trop, car *paṭâru* est l'exact inverse d'acheter, puisqu'il note l'annulation d'une vente antérieure. Ce verbe doit noter que l'action des "capitalistes" revient en fait à sauver l'enfant d'une vente possible comme esclave. Ils versent aux parents la valeur de l'enfant, pour qu'ils puissent avoir de quoi subvenir à leurs besoins, se chargeant eux-mêmes d'élever ce dernier qui leur donnera en retour son travail ancillaire.

[25]Cf. en ce sens l'avis de L. Oppenheim, op. cit. p. 74: "(cette expression de *ana balluṭ u leqi*)" must be interpreted to indicate that she was "adopted" under specific circumstances which made her neither an adoptive daughter nor an ordinary slave-girl".

a) cette femme habite chez un créancier qui l'aurait reçue en gage (*kî šaparti*). Dans ce cas, il lui faut veiller à ce que cette femme soit disponible (*zakû*). Un créancier antérieur, survenant, pourrait en effet exiger le prix que le détenteur de la femme aurait obtenu, ou au cas où ce dernier ne l'aurait plus (dépense, investissement . . .), se paierait sur la personne de ce détenteur imprévoyant.

b) Celui qui héberge la femme aurait, en réalité, recueilli cette dernière dans le dénuement. Il peut alors se considérer comme un père adoptif. Le prétendant devra, s'il veut avoir la femme, soit signer un acte reconnaissant qu'il assume personnellement la dette contractée par la femme envers son bienfaiteur, ou bien même, être sommé de rembourser tout de suite cette somme. On voit que KAJ 167, illustre la deuxième éventualité. Le père nourricier agit donc, *motu proprio,* sans se soucier de connaître la situation financière du père engendreur[26].

Une fois "libérée," *As(u)at-Digla,* contracte un mariage avec *Ilî-ma-(e)rîba* qui a fourni l'*ipṭîru*. Rien dans cet acte ne permet de le différencier de celui qui est passé entre personnes libres[27]. On remarquera qu'*As(u)at-Digla*, possède un sceau.[28]

Il n'est donc absolument pas sûr que l'époux d'*As(u)at-Digla* soit lui-même un esclave, comme cela est généralement dit. Cf. en dernier lieu, encore C. Saporetti (Or. An. VII (1968) p. 183): ". . . la liberazione della donna della condizione di schiavitù da parte di uno schiavo che la sposa (e che resta schiavo). . . ." Il serait paradoxal que l'esclave mâle arrive à affranchir son épouse et non lui-même.

Son mariage replace *As(u)at-Digla* dans la société de son temps, en ce sens qu'elle va

26On trouvera le point sur la question et la "vulgate" dans G. Cardascia, LA, p. 197 sqq. Je traduis col. V, l. 34 sqq.: "mais si, étant dans la misère, elle a été nourrie, pour celui l'a nourrie, elle est une fille adoptive (*ù šúm-ma i-na lum-ni bal-*[*lu*]*-ṭa-at, a-na mu-bal-li-ṭa-ni-ša* [*la-q*]*í-at*): S'(il se présente) un prétendant de la fille, ou bien on lui fera signer un billet, ou bien on élèvera réclamation contre lui: il payera le prix de la femme et celui qui (l') aura donné(e), n'a pas de comptes à rendre." Le Code fait dcnc très nettement la distinction entre non-engendreur qui n'a que des droits selon l'argent et celui qui en a aussi "moralement", si l'on peut dire.

On remarquera que l'interpretation de G. Cardascia: "mais si elle est maltraitée, elle est quitte à l'égard de celui qui l'a fait vivre (ainsi)," outre qu'elle est peu vraisemblable pour des raisons d'usage de langue, est contredite par le Par. 44, selon la traduction même qu'il en propose (LA p. 215).

27On comparera utilement KAJ 7 avec le seul texte de mariage médio-assyrien que nous possédions, soit TIM IV, 45. Il existe une bonne mise au point à son sujet par C. Saporetti, Or. Ant. VII (1968) pp. 161-84. Il est possible dė mettre en parallèle KAJ 7 l. 10 sqq.: (NP) *mu-ut-sà, ù* (NP_2) dam-*sú; a-di bal-ṭu-ni* a-šà *ú l*[*ìb-b*]*i*-uru, *pa-la-ah a-ha-iš e-pu-*[*šu*] et TIM IV, 45 1.5 sqq.: NP *mu-sà,* NP_2 *aš-ša-sú, i-na* a-šà *ù lìb-bi a-*[*lim*] *pa-la-ha ša a-HU-a-*[*iš*], *i-pu-šu* [HU: signe en u pour un signe en a; lire ha_x ou ha!!]: "NP est l'époux, NP_2 est l'épouse; aux champs et à la ville (:en Assyrie et à l'étranger), ils se doivent respect mutuel." Suivent chaque fois, les clauses de non-dissolution.

28L'existence de ce sceau fait problème: d'où le tient *As(u)at-Digla*? Ce n'est certainement pas comme servante d'*Aššur-rêṣu'a* qu'elle l'avait. Il est possible qu'elle le possède de naissance, les sceaux médio-assyriens ne comportant pas le nom du propriétaire, sont éminemment transmissibles, au moins *a priori*. Il vaut peut-être mieux envisager que l'acquisition du sceau ne date que de sa "libération" et de la nécessité où était la femme d'avoir à en apposer un sur un document.

Le texte de mariage TIM IV, 45 semble d'après la copie ne comporter mention d'aucun sceau, mais il peut y avoir sur une tablette médio-assyrienne déroulement du sceau, sans qu'une incription cunéiforme l'accompagne. KAJ 7 comporte le sceau de l'épousée, comme celui de certains témoins. Rien n'indique si le sceau de l'époux manquait ou existait. Les tablettes sont de ce point de vue à vérifier, avant qu'on puisse en tenir compte dans le commentaire.

désormais partager le statut de son mari, soit d'être un "villageois" d'*Amurru-nâṣir*. C'est ce qu'indiquent de façon nette les ll. 16-22 de KAJ 7. Il faut remarquer d'autre part le compartimentage de cette société où l'alliance à une catégorie fait entrer dans cette catégorie. Plutôt qu'une rigide distinction libre/non-libre, il y avait donc plusieurs façons de réaliser cette liberté et ce que nous interprétons de notre point de vue de modernes, comme des états plus ou moins serviles, ne devaient, tout naturellement, n'être ressenti que comme des situations sociales différentes[29].

2) Le cas de AO 20.154:

Les gens nommés sont apparemment trois frères. Il y a une petite difficulté dans le fait que l'idéogramme de pluriel ne se trouve pas après le premier dumu. Ce peut être une des bizarreries du texte, car il serait étonnant que seul le troisième personnage se voit attribuer une parenté jusqu'à son grand père. Le premier nommé, ayant de bonnes chances d'être le frère aîné, donnerait d'ailleurs un exemple de paponymie (l. 1 = l. 5). Comme dans le cas de KAJ 7, donc, le cadre d'existence de ces *alaiû* est compris comme étant familial et non individuel. L'état civil de ces gens, d'autre part, étant

[29]KAJ 7 parle (l. 7) de l'*amtûtu* dont a été libérée *As(u)at-Digla;* à la l. 29, il est fait mention de l'*amtûtu* où elle ne doit pas être prise par son nouveau maître. De notre point de vue de modernes, ces deux emplois ne sont pas pareils. Le premier, on l'a vu, fait allusion à un état où elle était "*aššurîtu*" donc libre, au moins de façon virtuelle. Qu'elle soit toujours une "servante" dans son nouvel état, est assuré par le fait que pour ses *alaiû, Amurru-nâṣir* devait être un *bêlu*. L'*amtûtu* de la fin du texte représente, par contre, dans notre vocabulaire l'état d'esclave: la clause est certainement qu'il ne peuvent, ni elle ni ses enfants, être vendus, l'éventualité ne se posant pas pour son mari. Cette ambiguité fondamentale des termes n'est pas gênante, puisqu'on voit couramment dans la langue, le terme que nous traduisons par "esclave," être employé même par un très haut personage de l'état, pour se situer par rapport au Roi, désigné alors comme "maître." Il s'agit d'un fait de langue. Il est loisible de méditer ce parallèle, tiré de Lunael, *Urkundenbuch des Landes ob der Enns* (t. I, Vienne, 1852, p. 23): ego Hildirch . . . dono . . . cidlarios meos II servos, unus est liber et alter servus, uxores vero ejus ambo ancillas. Cela donne, traduit en mot-à-mot, ce texte contradictoire en français: "Moi, Hildirch, je donne mes deux esclaves apiculteurs, dont l'un est libre et l'autre esclave, ainsi que leur deux femmes, toutes deux servantes." La multiplicité des exemples exclut l'interprétation par une "maladresse d'expression." Voir en général, R. Boutruche, *Seigneurie et Féodalité*, I p. 337 sqq.

En opposition au cas d'*As(u)at-Digla,* on examinera KAJ 168: de l'argent est prêté à un homme pour qu'il (s') achète une femme [l. 9 lire *il₅-ti-qí* ou šu + ba'-ti-*qí*]. Que le "prix" (*šîmu*) de cette femme soit un prix d'achat, non de rachat comme dans le Code (cf. Par. 39 l. 40), doit être indiqué par le fait que le texte la désigne toujours par munus, non par dam, lui laisse l'anonymat le plus complet, l'estime enfin à "4 talents, 20 mines d'étain," soit un prix sensiblement égal à celui d'une autre esclave, soit "4 talents," d'après VAT 8722, publié dans AfO XIII taf. VII.

On peut interpreter la fin du texte: "On fournira le vivre à la femme; si on crie le prix de sa femme [cf. Code: B Par. 6], il [*Mušallim-Šamaš*] prendra le reliquat de son étain." La bourgeoise [*Uq(u)r-abî*] qui a avancé l'argent pour l'opération, ne réclame pas de garanties ni de clauses de remboursement, toutes choses d'ailleurs que, vraisemblablement, Mušallim-Marduk serait bien empêché d'envisager, parce que la femme qu'il s'achète comme épouse, servira dans la domesticité d'*Uqur-abî* (l. 13). *Uq(u)r-abî* aura toujours la possiblité de se faire rembourser, en vendant sa servante, femme de *Mušallim-Marduk*. Elle devra, cependant, à ce moment là, tenir compte du fait qu'il n'a une dette que de quatre talents et vingt mines. On envisage donc une plus value possible, ou au moins un changement du cours de l'esclave. Pour une démarche semblable, cf. p. 10.

On trouvera une autre interprétation de ce texte, beaucoup trop compliquée, à mon sens, et trop "aberrante," dans L. Oppenheim, *Iraq* XVII (1955) p. 74.

comme pour leur maître, explicite jusqu'à la deuxième génération avant eux, rien ne les caractérise comme appartenant à un étât servile. Comme dans KAJ 7, il doit donc s'agir de personnes libres. On les voit d'ailleurs proposer un *ipṭîru*, en échange d'eux-mêmes, et quitter leur lieu de résidence. Il est bien dommage que *migrat* ne soit point défini par le texte. A priori, on pourrait penser aussi bien à "*ina migrat râmini-šunu*" qu'à *ina migrat bêli-šunu*. On aurait aimé savoir d'autre part, si comme dans KAJ 167, l'*ipṭîru* était sous forme de remplaçants ou de dédommagement en nature ou espèces. Il est possible que AO 20.154, soit non point l'acte qui officialise le départ des trois individus, mais une promesse réciproque que les liens *alaiû-bêlu* seront rompus[30].

Aucune précision, non plus, n'est donnée sur le domaine de leurs activités. Il est très vraisemblable qu'il se soit agi, comme dans le cas de KAJ 7, de l'*ilku* des *alaiû*. Le parallèle serait encore renforcé, si ces trois hommes sont réellement frères, puisque l'on voit dans KAJ 7, cet *ilku* concerner une famille et sa postérité.

L'accord n'est pas encore fait dans l'appréciation de cet *ilku*. On verra dans N. Postgate, op. cit., p. 496 sqq., une bonne critique de la position de Diakonov. P. Garelli pense, comme N. Postgate, qu'il s'agit pour les villageois de travailler pour assurer l'*ilku* du tenancier que celui-ci versera au roi.[31] Je préfèrerai, pour ma part, considérer qu'*ilku* ne représente dans KAJ 7, nullement l'impôt dû au roi, mais la simple notion de "service" et que ce dernier est dû à un patron. Cela va bien avec ce que l'on peut deviner des rapports humains à l'époque. En échange de ce "service", le maître les loge sur ses terres assure la garde des archives précieuses, les quelles par toute une série d'allusions (OB) nous sont montrées de conservation aléatoire et précaire, et certainement leur procure d'autres choses, qui parce qu'elles étaient évidentes à l'époque, ne sont pas mentionnées dans les textes.

Ce style de rapports "paternalistes" est cependant compris sous le signe de la permanence: il ne s'agit point de l'allégeance momentanée à un homme mais à sa famille.

Rien ne renseigne sur l'origine première des *alaiû* qui semblent être à l'époque médio-assyrienne des gens libres. On a abordé ailleurs, le problème de la propriété en Médio-Assyrie et conjecturé avec les quelques indices à disposition, que le jeu des ventes et achats de terres avait dû entraîner la constitution de grandes propriétés que l'on a appelées, faute de mieux, "latifundia"[32]. Si ces dernières se sont constituées, il

30Cela est sans doute exprimé par la séquence parfait-permansif: une fois qu'ils auront donné leurs *ipṭîru*, leur maître se porte garant . . . , etc.

31Voir le commentaire de N. Postgate, op. cit. p. 467: "In CAD, i (A), pt 1,391 a) the passage is translated: "ᶠPN and her children will remain villagers of PN_2 and of his sons and will perform services as the villager residents to PN_2 and his sons." This seems to imply (although it is not stated unequivocally) that the *ilku* here mentionned is not the same as ordinary state-*ilku*, but a kind of private service exacted by the house of *Amurru-nâṣir* from these dependants, the slave and his wife. Such an interpretation is not supported by any other occurrence of *ilku*. . . ." On fera simplement observer que ces "other occurrences" sont avant tout paléo-babyloniennes, époque où l'*ilku* est surtout un service personnel et non point un impôt, ou néo-assyriennes, où l'*ilku* est avant tout un impôt. Il est inutile de s'étonner qu'une époque intermédiaire et mal documentée, ait pu connaître d'autres modalités. On conviendra que, sans théorie préconçue de l'*ilku*, il n'est pas loisible de tirer de KAJ 7, qu'il s'agit d'un service (dû au roi) que l'on fait accomplir (à sa place) par des serviteurs.

32Cf. Charpin-Durand, Réflexions sur l'élevage du bétail en Mésopotamie, dans Actes du Colloque International du CNRS, No.580, Paris, juin 1978 (à paraître).

A partir du moment où la constitution de latifundia peut être envisagée grâce à plusieurs indices est naturel de penser que cela l'a été au détriment de la petite propriété et non point par le gain de terres neuves[33]. Il a bien fallu cependant que les anciens propriétaires aient trouvé leur place dans ce nouveau système. On peut envisager comme une possibilité qu'ils soient restés sur leurs terres comme travailleurs, ou même aient été réunis en un seul lieu, au service du nouveau propriétaire. En médio-Assyrie, un propriétaire voit sa terre définie, selon les normes mésopotamiennes, par l'énumération de ses voisins. Dans un nouvel ordre de choses latifundiaire, la situation de l'individu, autre que le maître, ne peut plus être que ponctuelle, d'où le terme "d'habitant d'un *alu*". Cela pourrait indiquer le regroupement d'une partie de la population, au détriment d'un ancien habitat par ferme[34], les anciens exploitants devenant de simples travailleurs agricoles.

convergents, une telle hypothèse doit être systématisée dans ses implications. On peut s'attendre à ce que les paysans endettés quittent leur ancien habitat. Les mentions de fugitifs ne sont pas rares à l'époque, quoique rien ne nous renseigne de façon précise sur leur origine. Il faut cependant envisager ce grand mouvement humain propre au milieu du II° millénaire médio-oriental, qu'a été le phénomène *habiru*, composé de gens d'horizons géographiques, ethniques, linguistiques si divers. Quels qu'ils aient été à tel endroit ou à tel moment, ils se caractérisent comme des "gens en déplacement." Cf. en ce sens J. Bottéro dans "Le problème des *Habiru*," p. 192-93: ". . . ce texte semble supposer, sinon que tous les *Habiru* comme tels étaient des réfugiés, au moins que les réfugiés formaient une source notable de leur recrutement. . . . Relues à sa lumière d'autres [pièces de la documentation], qui parlaient moins auparavant, suggèrent et confirment la même interprétation." Ce texte en question ne parle pas d'un refugié politique, mais d'un réfugié pour dettes.

On devrait donc envisager le problème des *Habiru* comme celui de l'anachorèse, telle qu'elle est documentée dans l'Egypte Lagide . . . ,etc. Les textes d'endettement médio-assyriens nous fourniraient un point de départ: les campagnes qui changent, au moins en un endroit du Moyen-Orient, de statut foncier.

On peut s'attendre, d'autre part à ce que ceux qui ne s'expatrient point, viennent grossir l'habitat urbain. Un tel phénomene de "surpopulation" ne laisserait pas cependant de traces dans un accroissement de la superficie urbaine, puisque seule la densité du peuplement serait affectée. Il est envisageable que ces gens, désormais oisifs et pauvres, représentent un danger pour la sécurité ou la stabilité politique. Il est donc tentant de mettre en rapport un éventuel accroissement du peuplement urbain avec le fait que de façon concomitante à la formation des grandes propriétés, on assiste au début des guerres impérialistes des Assyriens, ces derniers commençant à être présents sur la scène militaire orientale. Peu importent les raisons ponctuelles de la guerre, affaires du Mitanni, règlements dynastiques en Babylonie, percées araméennes enfin. Pour faire la guerre, il faut avoir des hommes et quelle meilleure source de recrutement trouver que chez des gens déracinés?

La troisième éventualité est constituée par le fait que les anciens propriétaires peuvent rester sur leurs terres, pour constituer une plèbe rurale de travailleurs agricoles, déchue mais libre. C'est dans ce troisième cas que nous trouverions l'origine des *alaiû*.

Il est évident que tout cela n'est encore qu'hypothèses explicitant une certaine analyse des données constatables, et ce que l'on pourrait appeler des "ouvertures de recherches."

[33]Voir au sujet de l'irrigation médio-assyrienne autour d'*Aššur*, le curieux article de G. Simonet, d'où il découlerait que l'endettement paysan était une conséquence des efforts d'irrigation des rois? (RA 71 (1977).

[34]Pour l'appréciation du *dunnu*, cf. Code Assyrien B Par. 10. La traduction de G. Cardascia, LA, p. 279, par "digue" ne semble pas légitimée. On trouve normalement ensemble le puits et le *dunnum* dans la description de la propriété médio-assyrienne. Il doit s'agir d'un mode d'habitat plus soigneusement fait que la simple cabane en rondins ou torchis. Faire un puits ou un *dunnum* sur une terre veut donc dire "s'y installer". Il s'agit d'une usurpation de propriété, non d'une exploitation illicite. En ce sens, noter la remarque de G. Cardascia, ibidem, p. 280: "la place du paragraphe est remarquable: il figure parmi les usurpations de la propriété d'autrui. . . . Contrairement à ce que l'on observe en général, pour ordonner son plan, le rédacteur a préféré ici le critère juridique au critère matériel." Cf. n. 56.

AO 20.155

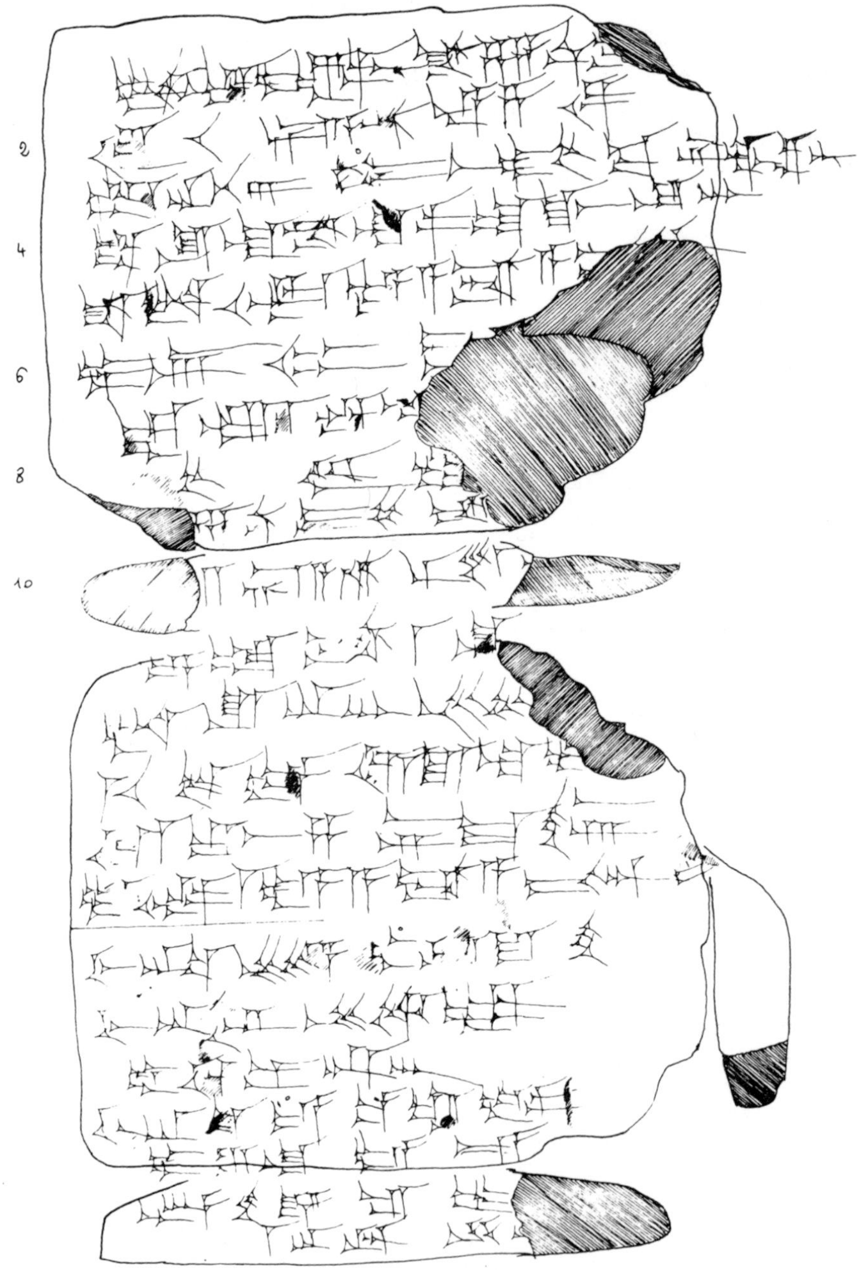

Un tel système pourrait être caractérisé comme "pré-féodal." On voit en effet, à un moment, pour toute une série de raisons économiques, soit endettement, soit incapacité à subvenir à ses besoins de façon autonome, une partie de la population, non point aliéner sa liberté, puisqu'il est toujours possible de sortir de sa situation, mais du moins orienter son existence vers le service d'un individu, lequel fixe leur habitat. Or cet individu, quelqu'il soit[35], n'est pas le Roi. Il y a encore beaucoup de solutions de continuité dans la documentation assyrienne, entre le milieu du deuxième millénaire et la chute de Ninive, mais il serait intéressant de fixer un point de repère, face à la montée de la grande noblesse, lors du déclin de la monarchie au IX° siècle, ou par rapport aux ventes ou dons d'*alu* et de serviteurs qui y habitent, à la fin du VII° siècle. Vu la documentation existante, il faut pour le II° millénaire, parler simplement de la constitution d'une *clientèle* rurale autour de quelques propriétaires aisés, cette clientèle restant libre.

NO. 6. AO 20.155 (Copie p. 28)

```
        i-na pi₄-i ṭup-pi ša 8 an[še še-um]
  2     ù 10 gán a-na e-ṣa-di
        ša ᴵᵈbe-er-dumu-aš dumu kur-ba-ni gal-uru-meš
  4     ša šu ᴵla-ta-la-pa-at gal uru-meš
        ša i-na ugu ᴵia-a-da-a-b[i-din]gir
  6     dumu sa-mi-d[u?. . .]
        ša uru ᴵᵈnà-k [a?-. . .]
  8     šaṭ-ru-t[u-ni]
        5 anše še ta-[ad-nu]
 10     [ù] 2 gán a-šà máš-m[eš . . .]
        e-ṣi-id ᴵla-[ta-la-pa-at]
 12     i-na šu ᴵᵈ30-mu-še-[zib]
        ᴵu-te-ia ù ᴵlu-la-i[a . . .]
 14     ù ᴵmar-ṣa-ni ma-hi-ir
        i-na ugu ᴵia-a-da-a-bi-dingir e-[ṣi-du]
```

[35]Pour *Amurru-nâṣir* et *Aššur-rêṣu'a*, nous ne possédons malheureusement nul renseignement supplémentaire sur leur fortune ou leur rang social. Cf. C. Saporetti, op. cit. p. 86 et 138. P. Garelli, unifiant les différences occurences des NP, verrait en eux des gens apparentés aux premières classes de l'état (*Sémitica* XVII p. 14). En ce qui concerne *Amurru-nâṣir*, il faut cependant noter le curieux VAS XIX, 37 où l'on trouve concernant *Amurru-nâṣir*, fils d'*Aššur-iqîša*, un contrat de longue durée (10 ans) passé avec un jeune homme: "Il lui fera prendre femme, il mangera dans la demeure même d'*Amurru-nâṣir*, il sera vêtu; au bout de 10 ans, il prendra sa femme, un habillement et un paquetage? (*ra-ki-il-ta*) et s'en ira." Ce contrat d'apprentissage, où, outre l'entretien, *Šamaš-amranni* gagne une femme (pour le prix que cela pourrait lui coûter, cf. KAJ 168, commenté plus haut), montre là aussi des rapports particuliers entre le maître et ses serviteurs.

16 igi ^{d}utu-mu-sì [du]mu [*i*]*p*$^{?}$-*lu-hi*
igi ^{d}iškur-mu-li-šìr
18 dumu *qí-pa*-dingir-meš
igi ^{d}utu-*e-pír* dub-sar
20 dumu *lu-la-ia-e*
iti *hi-bur* u$_{4}$ 1-kam [*li-mu*]
22 ^{Id}nà-en-[pap]

TRADUCTION

Selon la teneur de la tablette portant sur huit ânées d'orge et dix arpents de terrain à moissonner, créance de *Bêr-mâr-iddin* fils de Kurbanu, intendant, relevant du service de *Lâ-talappat,* intendant, qui a été écrite au débit de *Yâda-abi-ili,* fils de *Samedu* . . ., cinq ânées de grain ont été rendues et deux arpents de champ, représentant l'intérêt du grain, ont été moissonnés. *Lâ-talappat*, d'auprès de *Sîn-mušêzib*, a reçu *Adad-teia, Lullayû* et *Marṣânî.* Ils moissoneront aux frais de *Yâda-abi-ilî.*

3 témoins;
le 1 de *Hibur;*
Eponymat de *Nabû-bêl(a)-uṣur.*

NOTES

l. 3: Le nom propre présente plusieurs difficultés. AŠ pour *nadânu* est rare (1 ex. dans Šulmânu-šûma-AŠ), DUMU pour IBILA semble inattesté, les noms propres médio-assyriens comportant cet idéogramme étant tous de la forme dumu et ND, sauf cas douteux.

l. 4: pour un nom comme *Lâ-talappat*, cf. *Lâ-tubâšîni* (Saporetti, op. cit. p. 300 et ibidem [2] p. 133: y ajouter VAS XIX, 57, iv, l. 10.

l. 5: Il faut sans doute découper le NP en Yada-Abi-dingir. La première partie du nom comporterait la racine YD connaître, pour laquelle, voir Huffmon, APN p. 209.

Pour la deuxième partie, cf. peut-être le "Dieu-Père", pour le quel, voir les considérations de J. Nougayrol dans *Ugaritica* 5 p. 45, sur DINGIR *a-bi* = *ilib* et les réflexions d'E. Laroche, ibidem p. 523 sur *en atn* et *en attanni:* "le dieu-père." Y ajouter Lipinsky UF 5 p. 199. L'intérêt de la forme *abî*-dingir est donc d'attester au milieu du II° millénaire une séquence inversée qui prouverait face à toutes les suppositions de J. Nougayrol (p. 45) et à la théorie d'A. Goetze, que la séquence signifie réellement "le dieu mon père," non "le dieu du/des pères."

l. 7: Le nom de la ville est sans doute abrégé pour "*al dunnu* + NP."

l. 14: NP nouveau, sur *marṣânu* qui signifierait "souffreteux"? Pour la formation, cf. C. Saporetti [2] p. 87.

l. 16: Sans doute, d'un *Ipluhu*, sur Ipluh-ND. Pour la formation, cf. Saporetti /2 p. 83.

l. 18: On ne peut lire *ki-din*-dingir-meš, sans corriger la tablette, NP sur *qi'âpu*? "N'excluez pas di.ku$_5$!-dingir.meš" (C.S.).

l. 19: (C.S.).

COMMENTAIRE

Le sens du texte est évident: il s'agit de l'acquittement partiel d'une dette consistant en grain et en moissonneurs[36]. Le texte lui-même suppose un texte d'emprunt identique à ce que nous offre, par exemple, VAS XIX, 47, et qui sera discuté sous le texte No. 9.

La "clause des moissonneurs" prend dans AO 20155, une forme particulière: plutôt que d'un nombre de travailleurs, il s'agit d'une superficie à moissonner. Cette variante est déjà attestée. Cf. KAJ 50: "Il moissonnera quatre? arpents de terre dans une localité qu'on lui précisera" et de même, KAJ 81: "deux *kummanu* de champ à moissoner"[37].

Les gens qui sont mentionnés à la fin du texte sont donc les moissonneurs fournis par le débiteur[38]. On a donc en quelque sorte dans ce document la réalisation de la clause *êṣidî illak*. Cette expression a suscité une abondante littérature et le point de la documentation a été fait dernièrement par M. Stol dans ses *Studies in Old Babylonian History*. Il cite tout particulièrement (p. 100) le parallèle très important à cette clause: *i-ni -a-ti i-la-ak* de E. Szlechter, TJDB 2, 119. La conclusion à laquelle arrive, au terme de son étude M. Stol, est intéressante: "we should view (ces expressions) in the light of the idiomatic expressions just quoted (. . .): "to perform the services with the oxen" and "to perform the services with the harvesters"[39]. Pour cet emploi du terme *alâku* "accomplir un service" dans un contexte privé, cf. l'emploi du terme *ilku* analysé plus haut, p. 26.

[36]Pour un document d'acquittement partiel, cf. VAS XIX, 8: sur les deux ânées de grain, y compris l'intérêt afférent . . . x ânée de grain a éte reçue par le créancier. Comme il reste à payer le capital de deux ânées "sur l'aire," avant l'acquittement, le créancier a dû acquitter les intérêts. Pour les textes d'annulation complète des dettes, cf. Deller-Saporetti Or. Ant. IX p. 29 sqq. Y ajouter maintenant, VAS XIX, 38.

[37]KAJ 50, l. 10, 4? gán a-šà *i-na* uru, *š[a] i-qa-bi-ú-ni-šu-ni, e-ṣi-id*; KAJ 81,3: 2 *ku-ma-ni* a-šà *e-ṣe-di*.

[38]Il est difficile d'apprécier la situation de *Sîn-mušêzib* dans le texte. Il peut s'agir d'un sous-ordre du *râb-alâni* ou d'un des membres de la communauté qui a contracté l'endettement.

[39]*i-la-ak* fonctionne en fait comme s'il signifiait "il fournira." Si l'explication de M. Stol est rejetée, il faudra admettre une nouvelle racine verbale *'LG/K/Q*, significant: "fournir."

En ce qui concerne la variante (importante en soi!) NDN signalée par M. Stol p. 100, citant TR 3014 (*Iraq* XXX, pl. LXI) ll. 14-15, il faut en fait sûrement lire de façon différente: l. 10 sqq.: *a!-na!* x iti!-há!, še *i-na ad-[r]a-ti, i!-ma!-du!-du!*, a-šà *i-na tu-re-zi, e-ṣi-du, šúm-ma i!-na ad-ra-te,* še! *la!* *[i-m]a-da-ad*, š[e] *a-[na* máš d]u!, *š[úm-ma i-na tu-r]e-[z]i* a-[šà *la*] *e-t[e-ṣ]i-id, b[i-la-at* a-šà *i-n]a-áš!-ši!-ma*. Pour toute la fin de ce texte, voir tout particulièrement KAJ 81.

On peut néanmoins dégager un parallèle entre NDN *êṣidî* et 'LK *êṣidî*. Cf. KAJ 11 l. 17: *i-na u$_4$-me* an-na máš-meš-*šu e-ṣi-di, i-du-nu-ni,* a-šà-*šu i-pa-ṭar*.

Voici, en écho à la riche documentation réunie par M. Stol pour l'époque paléo-babylonienne, quelques problèmes posés par les textes médio-assyriens:

a) *e-ṢI-di* ne peut être un infinitif en *-i*, comme l'a proposé W.-G. Lambert dans son compte rendu paru dans AfO XXV (1973-8) p. 203, ni un infinitif pluriel (possibilité rejetée d'ailleurs, *Studies* . . ., p. 100) comme le montre KAJ 99 l. 14: *i-na e-ṣa-di . . . e-ṣi-di i-lak*. Face à l'infinitif, on ne peut avoir qu'une forme *pâris-*.

b) KAJ 11, l. 14 et KAJ 99, l. 17: (en cas de non venue des moissonneurs) *e-ṢI-du* 1/2 ma-na *i-hi-aṭ*. Koschaker (NKR p. 109 n. 6) traduisait: "So wird der Erntearbeiter 1/2 mine Blei zahlen" et commentait: "für den Erntearbeiter 1/2 mine Blei zahlen." La première traduction est un mot-à-mot possible, la seconde est *ad sensum*. On pourrait considérer que *êṣidû* est un *nominativus pendens*, comme disent les grammairiens: "pour ce qui est des moissonneurs, il paiera 1/2 mine . . .," il vaut mieux cependant comprendre: *eṣṣidu;* 1/2 ma-na *ihi'aṭ*, soit: "On moissonnera (soit: le prêteur[40]), (mais) il (l'emprunteur) paiera 1/2 mine". Le texte mentionne donc un prix forfaitaire, au contraire de KAJ 50, l. 15 qui ne se prononce pas sur le cours du marché: "selon ce que NP aura loué les moissonneurs, NP_2 aura à payer." Dans ce dernier exemple, même si l'expression est différente, l'emprunteur avancera les frais de la moisson mais se fera rembourser par son débiteur.[41]

[40]Pour ce pluriel qui désigne la partie préteuse, cf. le *uballaṭu* de KAJ 168 l. 13, commenté p. 25, n. 29 (*in fine*).

[41]Le Code Médio-assyrien envisage justement, semble-t-il, le problème posé par quelqu'un qui, après avoir promis de venir moissonner, n'honorerait point sa promesse. Il est vraisemblable que ce cas sous-entende le fait que la moisson, non faite à temps ait pu se gâter. C'est dans ce sens que je proposerais de réinterpréter KAV No 2, vii, 4 sqq. La version donnée par B. Lansberger dans JNES VIII (1949) p. 192 n. 136, s'éloigne tellement de celle de Driver, AL p. 438 (Sec. 19), et la mienne des deux précédentes, que je ne discuterai pas les traductions précédentes. Celle de B. Landsberger, supérieure à celle de Driver, fait cependant usage de formes étonnantes, comme *ut-ra-a-aq* pour *ušrâq*, d'un mot rarissime comme *nappaltên*, d'un terme inusité comme *šat dišše*. Je propose, donc, de lire:

l. 4: [*šúm-ma* lú a-š]à *tap-pa-i-šu*, [*e-ta-na-r*]*a-áš*, [*ù qa-a-l*]*i-ú ik-la-šu*, [*i-na n*]*i-iš* lugal, [*ú-ba-r*]*a-áš-šu-ma e-ru-uš*, [*ki-i l*]*a i-it-tal-ka-an-ni*, [*šúm-ma na-*]*ša-a-nu ša* a-šà, [*i-na t*]*u-ú-re-e-zi*, [*la i-ṣ*]*i-id* u_4 *ra-a-aq*, [še-um] *a-na* é *ha-ši-me i-tab-ba-ak*, [*ú-lu*] *a-na kur-di-iš-še ú-tar*, [*ù b*]*i-la-at* a-šà *ša-a* uru, [*i-i*]*p-pal* $ṭe_4$-*e-en*, [še a-š]à *i-na-ad-di-in*.

"Si quelqu'un devait assurer la mise en culture du champ de son *tappu*, et que la fièvre? l'a retenu, il le prouvera par serment par le roi, (et on considèrera qu')il a accompli la mise en culture; Mais si c'est parce qu'il a omis de venir, si le tenancier du champ, n'a pas (pu) moissonne(r) au moment opportun et qu'il y a eu jour chômé, (le contrevenant) versera le grain (perdu) au *pît hašîme*, ou le rendra au silo, ou encore paiera le loyer (normal) d'un champ de la localité, et il donnera la moûture du grain du champ."

l. 6: B. Landsberger pensait à un fonctionnaire; on peut avoir cependant ici, la même clause que dans Code A, iv, 103 sqq., où il s'agit aussi d'un retard involontaire: *šúm-ma a-na qa-at* 5 mu-meš, *ú-hi-ra-an-ni i-na ra-mi-ni-šu, la-a ik-kal-ú-ni lu-ú qa-a-li-ú iṣ-ba-at-su-ma in-na-pí-*[*ih*?] . . . , etc. Si au bout des cinq ans où il s'est mis en retard, sans être retenu pour une cause qui lui est propre, soit qu'un *qâli'u* l'ait saisi et qu'il ait brûlé (de fièvre), . . . , etc. Le plus simple est de prendre ce terme pour la forme *pâris* de QL' "brûler," d'où un sens comme celui de "fièvre maligne" est envisageable. Noter immédiatement après col. V, l. 1: *i-na a-la-ki ú-ba-a-ar*: "en arrivant, 'he shall make a (formal) claim'" (Driver, p. 405).

l. 10: *nâšânu* pour *nâšiânu*; ce serait le *nâši bilti* au lieu et place du quel, dans les textes de la pratique juridique, le contrevenant doit livrer le loyer (*bilta inašši*) cf. 1.15.

l. 11: pour ce sens de *tûrêzi*, cf. p. 33.

l. 12: pour la clause *ûmu rêqu*, dans les textes d'embauche, cf. Charpin-Durand, *Textes Cunéiformes de*

c) KAJ 99, l. 14 sqq.: *i-na e-ṣa-di tu-re-zi, har-bi e-ṣi-di, i-lak.* CAD H p. 105b donne la vulgate: "at the time of harvesting the early harvest (lisant *harpu:* early)".

Si tu-re-zi signifie "la moisson"[42] dans le sens de "l'ensemble du blé récolté" ou encore de "le fait de récolter le blé," soit les deux sens courants de ce mot en français, comment interpréter KAJ 101, l. 4: *e-ṣi-du i-na tu-re-zi-šu-nu,* expression qui d'ailleurs faisait problème pour B. Landsberger[43] et qui ne peut être une faute puisqu'elle se retrouve.[44] Il vaut donc mieux traduire *tu-re-zi* par "moment opportun." Cela fait un bon parallèle avec *ina adrate* qui lui correspond, pour le remboursement du grain: une fois le grain sur l'aire, il y aura remboursement: quand il le faudra, il amènera les moissonneurs. L'emploi de *tu-re-zi-šu-nu* se comprend enfin dans les textes d'emprunt, comme VAS XIX, 47 ou KAJ 101: les travailleurs seront fournis *plus tard.* Il est évident qu'on ne comprend pas pourquoi on emprunterait les travailleurs tout de suite: on est seulement assuré qu'on en aura, le temps venu.

Il faut donc renoncer au sens de "moisson" pour ce mot, et lui donner celui de moment opportun. Je propose donc de traduire KAJ 99: "au moment où il conviendra (*ina turêzi*) de moissoner (*eṣâdi*), il fournira les *harbu* (et) les moissonneurs," en retrouvant ici l'instrument aratoire, *harbu* et non pas l'adjectif *harpu,* lequel serait sans doute écrit *har-pi,* à l'époque.

d) KAJ 81 l. 9: *i-na ad-ra-te,* sag še *i-*[*ma-*]*da-ad, i-na tu-re-zi,* a-šà *e-ṣi-di, ù ṭup-pu-šu i-hap-pi.*

Cette tablette est assurément fautive: à la ligne 17, on trouve še *a-na* <máš> du et à la l. 19 *šúm-ma i-na tu-re-*<*zi*>. Cependant restaurer *i-lak* à la l. 12, ne serait pas heureux car a-šà resterait "en l'air." Il vaut mieux donc comprendre *e-ṣi-di* comme un inaccompli suffixé en *-i,* selon le modèle des formes qui sont commentées n. 51. A la l. 3, cependant a-šà *e-ṣe-di,* a l'air d'être l'équivalent de a-šà *e-ṣa-di.*

Strasbourg, no 99. Cf. la clause équivalente de KAJ 99, l. 19 : *šúm-ma* u_4-meš-*ti la e-pa-aš* 12 gín ta-àm an-na *i-hi-aṭ*.

ll. 13-14-15 doivent représenter trois éventualités selon lesquelles rembourser l'orge perdu.

l. 14 pour ce sens de uru, non point "ville" en opposition à "campagne," mais "localité" quelconque, cf. n. 8.

[42]Pour ce terme, le dernier traitement est celui de Mayer, dans UF 8 (1975) p. 139, englobant dans ses exemples le *i-na tu-ra-ši* de Nuzi [cf. déjà B. Landsberger, JNES VIII (1949) p. 291 n. 136a]. Le *i-na tu-ra-ši* que l'on trouve à Nuzi est certainement le même que le *i-na tu-re-zi* des textes d'Aššur. Cf. Chiera, *Joint Expedition* . . ., V, No. 550, l. 7: . . . *i-*[*na t*]*ù-ra-ši, e-ṣi-id, šum-ma* [a-šà] *ša-a-šu, i-na tù-ra-ši* [[1]*ak-*]*ku-ia la e-ṣi-id* . . . (pénalités). Cf. ibidem, No. 542 l. 8: 22? lú *e-ṣi-du*$_4$ [1]*pal-te-e*, *i-na tù-ra-ši a-na* [1]*tar-mi-til-la*, *ú-ma-aš-šar-ru.* Cette correspondance Nuzi ŠI: Aššur ZI est en soi étonnante. Si la mot est du sémitique, la forme assyrienne est certainement la plus "correcte" (B. Landsberger proposait dans JNES VIII p. 291 d'y voir un mot hourrite, sans dire pourquoi). On trouve à *Hattuša,* donc dans un syllabaire de type nuzite, ŠI avec une valeur si_{11}. La correspondance ZI: ŠI peut donc n'être qu'une différence graphique et non dialectale (on attendrait la forme "la plus hourrite" à Nuzi, non à Aššur). Par contre, Nuzi permet de restaurer une forme sans apophonie. Le mieux serait donc de postuler un mot *turâṣu* (purâs sur TRṢ: "Korrekt sein") "moment correct, opportun." [Pour l'apophonie d'un â, cf le a-šà *e-ṣe-di* de KAJ 81 l. 3, commenté p. 28.] Très douteux sont les exemples še-meš *ša tù-ra-a*[*-z*]*i* de CT LI, No 6, l. 6 et de HUCA 40-41, p. 70 1.14 où [*t*]*ù-ra-áš-ki* comporterait de toute façon le suffixe de féminin *-ki*!

[43]Cf. JNES VIII (1949), p. 292.

[44]Cela est évident par VAS XIX, 47 l. 42: où la séquence *i-túr-zi-šu-nu* est l'équivalent (faute ou avatar phonétique ?) du *i-na tu-re-zi-šu-nu* habituel.

AO 20.156

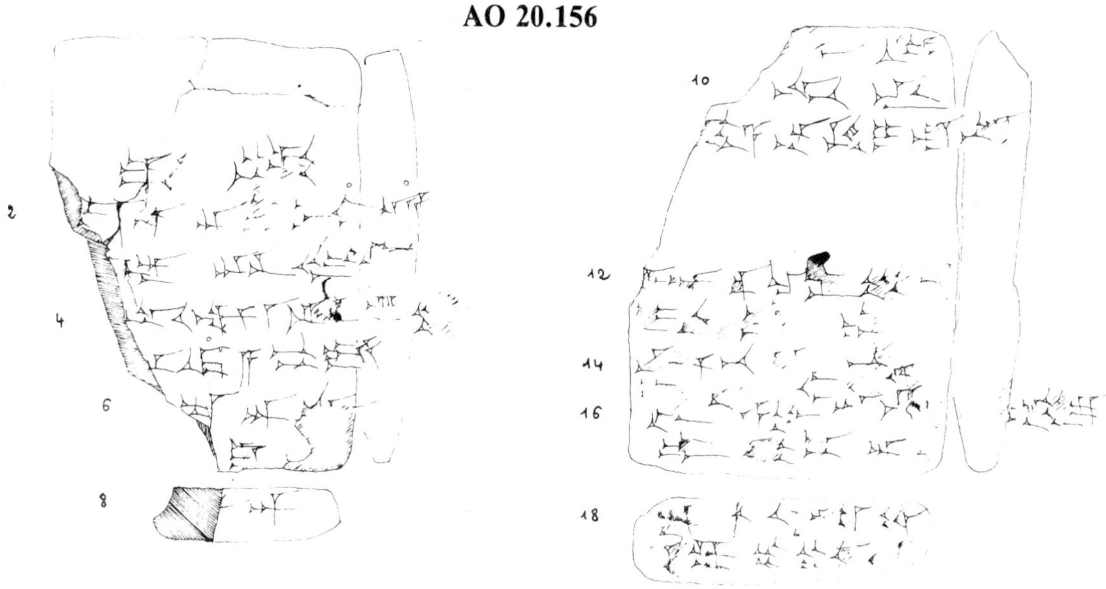

AO 20.157

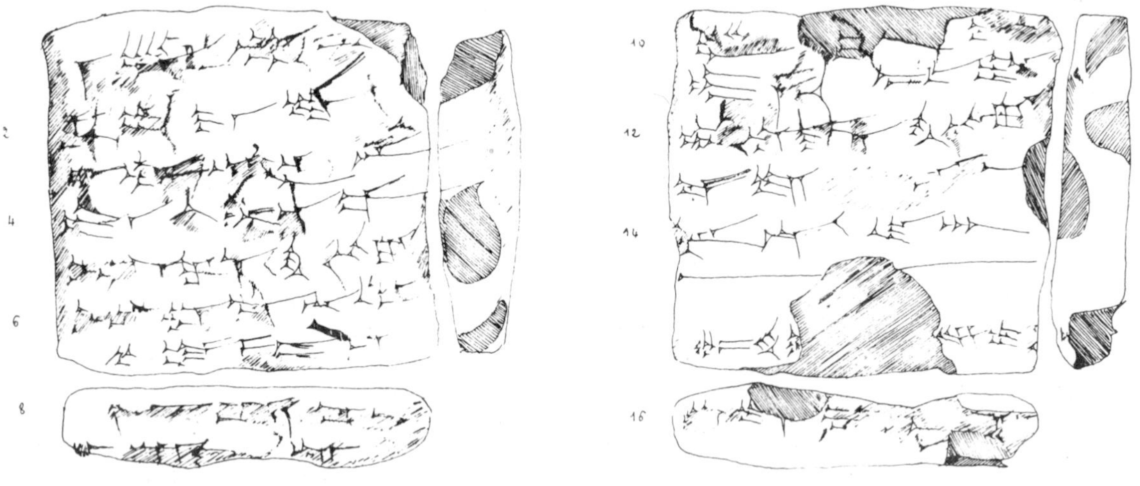

NO. 7. AO 20.156

0,0.5 gig
ša ^{I}[ì]r-^{d}dumu-munus-*a-ni*$_{6}$$^{?}$
dumu ìr-^{d}digla^{lá}
[i-]na ugu ^{I}. . . . .
[dumu ding]ir-ki-*a-bi-ia*
[šu b]a-an-ti
[*i-na* iti *ku-zal-*] *lu* [gig]
[*i-d*] *a-an*
[*šum-ma i-na ku-z*] *al-l*[*i*]
[*la i-*] *ti-din*
[gi]g *a-na* máš *i-la-ak*$^{?}$
igi ^{d}enšada- ? - ?
dumu . . . .
igi ^{d}idim- . . . .
d[um]u *n*[*a*] *-áp-š*[*e*] *-ru*
igi *a-bu-*^{d}EN- . . . dub-sar
dumu [*i*]*q-bi-*AN- . . .
iti . . . .
li-mu li$^{?}$*-bur*$^{?}$*-* . . .

TRADUCTION

Cinq (*sûtu*) de froment, appartenant à *Urad-Mârat-Ani*, fils d'*Urad-Digla*; au débit de . . ., fils d'*Ilî-itti-abia*; (Ce dernier) les a reçus. En *Kuzallu*, il les rendra; si en *Kuzallu*, il ne les a pas rendus, le froment aura un intérêt.

Trois témoins;
(Date illisible);
Eponymat de *Lîbur-* . . . .

NOTES

l. 2: Le nom de la divinité est écrit ^{d}munus-NIM-A!
l. 5: pour ce nom propre, cf. VAS XIX, 27 1.21: dingir-ki-*ia-bi-ia*, fils de nì-ba-^{d}nà.
l. 15: pour ce nom propre, cf. KAJ 33,4.

NO. 8. AO 20.157 (Copie p. 34)

1 *li-tu* m[u$^{?}$ . . .]
2 [*š*]*a-'i-ma-tu*
[*š*]*a* ^{I}*la*-[*ta*]-*la-pa-tim*$^{?}$
4 dumu ^{I}u- ? -giš
ša uru *ku-liš-hi-na-áš*
6 *ša iš-tu su-ti-e*
še-ṣi-a-ni-ma
8 . . . . *ú*$^{?}$-*ni*$^{?}$
^{I}*iq*$^{?}$-*ṣu*$^{?}$
10 lú *m*[*a-k*]*i-s*[*u*]
dumu ^{I}u-šeš$^{?}$-*i-din*
12 *i-na* uru *ku-liš-hi-n*[*a*]-*áš*
e-ta-[*ma*]*r*
14 [*i*]*m-ti-ki-is*$_5$
iti *hi-b*[*ur* u_4] 24-kam
16 *l*[*i-m*]*u* ^{I}*i*-x- ^{d}en-x

TRADUCTION

Une vache, de . . . , achetée, bien de *Lâ-talappat(um),* fils d'*Adad- . . . -lêšir,* de la ville de *Kulišhinaš,* qu'il a fait sortir du *Sutû* et qu'il a . . . ée; *Eqṣu,* le percepteur, fils d'*Adad-aha'-iddin,* dans la ville de *Kulišhinaš,* a vu et taxé.

Le 24 de *Hibur;*
Eponymat de I . . . En . . . .

COMMENTAIRE

Cette tablette, non cuite et "nettoyée" avec une brosse très dure est très difficile à lire, surtout sur sa face, partie "originale" du texte et sans parallèle parfait. Il est cependant certain que le texte vient grossir le dossier médio-assyrien du *miksu,* pour lequel, cf. commentaire à No. 11.

NOTES

l. 1: la lecture *li-tu* est probable, mais point absolument sûre, vu l' étât du LI. On peut penser qu'on a ici la monnaie phonétique du gu_4-áb courant. Le texte parlerait donc du *miksu* sur des animaux importés et serait en ce cas indentique à TR 3019. Mais, comme il est vraisemblable que nous avons dans AO 20157 le même *mâkisu* que dans KAJ 301, où la taxe porte sur des habits, il est possible qu'il y ait ici à recommander une lecture *li-ṭú*. Un habit de cette sorte existe en effet, quoique non encore reconnu, à l'époque médio-assyrienne. Cf. AfO XVII (19) p. 274 l. 43 túg *le-e-di pa-ṣi-ú-te* (enregistré CAD *liddu)* et VAS XIX, 24 l. 10: 1 ma-na síg-za-gìn-ge$_6$ *ša* uru-*lìb-bi*-uru *a-na li-di*. Il s'agit clairement d'une étoffe. On trouve d'autre part, dans un texte inédit de Mari (Salle 160 No. 142 = ARMT XXI), à la fin d'une énumération de tissus divers la mention 1 *li-iD* giš-ná. Ce dernier item rapelle immédiatement ABL 497, 6 *a-na muhhi li-i-ṭu ša erši* pour laquelle expression B. Landsberger avait proposé dans *Brief* . . . p. 69 de voir un sens comme "maquette" de lit, tout en exprimant des doutes qui ont disparu de chez les commentateurs postérieurs. Tout cela risque d'aller ensemble. Puisque TU (rare) est possible pour noter [ṭu] à l'époque médio-assyrienne, il est loisible de penser aussi bien à un tissu qu'à un animal. Cette dernière explication sera néanmoins préférée, si le dernier signe de l. 1 est réellement un mu et si, surtout, mon interprétation de la l. 2 est juste.

l. 2: Les deux premiers signes peuvent être raisonnablement, mais non sûrement être lus *ša-'i-*. Il s'agirait de la forme *parīs* (analogique!) de la racine ŠâM, pour laquelle nous avons cependant *ša-a-mu-tu* à l'époque paléo-assyrienne. A ces formes qui fonctionnent comme des participes passés passifs, ajouter pour le médio-assyrien *tarīu* (gardé) de KAJ 180, 4, catalogué comme un *târi'u* (gardant) par le AHw, au vu des exemples manifestes de VAS XIX, 57 (séquence *talmîdu, tarīu, parsu*).

l. 5 Pour *sutû* comme ethnique, à l'époque médio-assyrienne, cf. VAS XIX, 61.

l. 6 et pour l'expression, No. 11, l. 3. lire <*ú*>*-še-ṣi-a-ni* ? cf. VAS XIX, 23 l. 3.

l. 7: pour Š-WṢ' dans ce contexte, cf. TR 3019, quoique le verbe y soit dit en référence à la bête, non au marchand qui l'importe.

l. 9: Sans idée préconcue, on ne lit rien sur la tablette, mais rien n' empèche d'y voir *eq-ṣu*. Le NP, d'ailleurs, ne semble pas excéder deux signes. Le patronyme ressemble fort à celui de KAJ 301. Ce dernier devrait être collationné, uniquement pour l'idéogramme médian (indéfinissable: šeš', dans AO 20.157)

l. 16: "peut être: ^{I}*i-*[*tab-š*]*i-*[*de*]*-en-*[^{d}*A-šur*]" (C.S.).

NO. 9. AO 21.380 (Copie p. 39)

1 áb-gu$_4$ mu-3 sig$_5$'
ša en-šeš-meš-*šu*
dumu *si-qi-*^{d}digla^{lá}
dumu *ru-qi-ia*
i-na ugu ^{d}*a-šur*-a-pap
dumu dingir-*ri-ba*
du[mu] *ki-it-a-ie*

ša uru *ku-li-iš-hi-na-áš*
šu ba-an-ti
áb-gu$_4$ *a-di* 2 iti-u$_4$-m[eš]
i-da-an
ù ṭup-pu-šu i-hap-p[*i*]
šum-ma a-di 2 iti-u$_4$-[meš]
áb-gu$_4$ *la i-ti-din*
mi-im-mu-šu za-ku-a
ša ^{d}*a-šur*-šeš-sì-*na*
^{I}en-šeš-meš-*šu*
i-ṣa-bat ú-ka-al
igi *šu-ú* dumu *ṣú-up-ri*-dingir-meš-*ni*
igi *si-qi*-^{d}digla^{lá}
dumu ^{d}*a-šur-tap-pu-ti*
igi ^{d}amar-utu-mu-sì-*na* dub-sar
dumu ^{d}30-erin$_2$-dah
iti *a-bu*-lugal-*nu*' u$_4$ 1-kam
li-mu ^{Id}*a-šur-ki-ti-i-di*

TRADUCTION

Une vache de trois ans de bonne race, appartenant à *Bêl-ahhê-šu,* fils de *Siqi-Digla,* fils de *Ruqia,* au débit d'*Aššur-apla-uṣur*, fils d'*Ilî-(e)rîba* fils de *Kit'aiu,* de la ville de *Kulišhinaš;* il l'a prise. La vache, au bout de deux mois complets, il la rendra et sa tablette sera brisée. Si dans deux mois complets, il n'a pas rendu la vache, tout le bien disponible d'*Aššur-aha-iddina*, *Bêl-ahhê-šu* le prendra et le gardera.

3 témoins;
Le 1° d'*Abu-šarrâni*;
Eponymat d'*Aššur-kittî-idi.*

NOTES

l. 1: Le signe sig$_5$ n'a pas été correctement fait par le scribe. Pour des parallèles à cette expression, cf. *ex. gr.* KAJ 93,2 1 gu$_4$-áb mu-3-meš sig$_5$ et KAJ 89,1 gu$_4$-áb mu-3 sig$_5$-*tu*. L'expression est certainement à retrouver dans TR 3003 (Iraq XXX (1968 pl. lviii).[45]

[45]Au lieu de lire 1 pa$^{?}$ uk mu uk x kaspu, il vaut mieux transcrire: 1 gu$_4$-áb mu 3$^{!}$-meš$^{?}$ sig$_5$$^{!}$. Dans AO 21.380, le chiffre 3 a un départ de signe qui pourrait faire penser à une horizontale et non une verticale. Noter que le bovin est donné à un bouvier (l 7. lú-sipa-gu$_4$-meš). Ovins et bovins prêtés sont en général de deux ou de trois ans.

AO 21.380

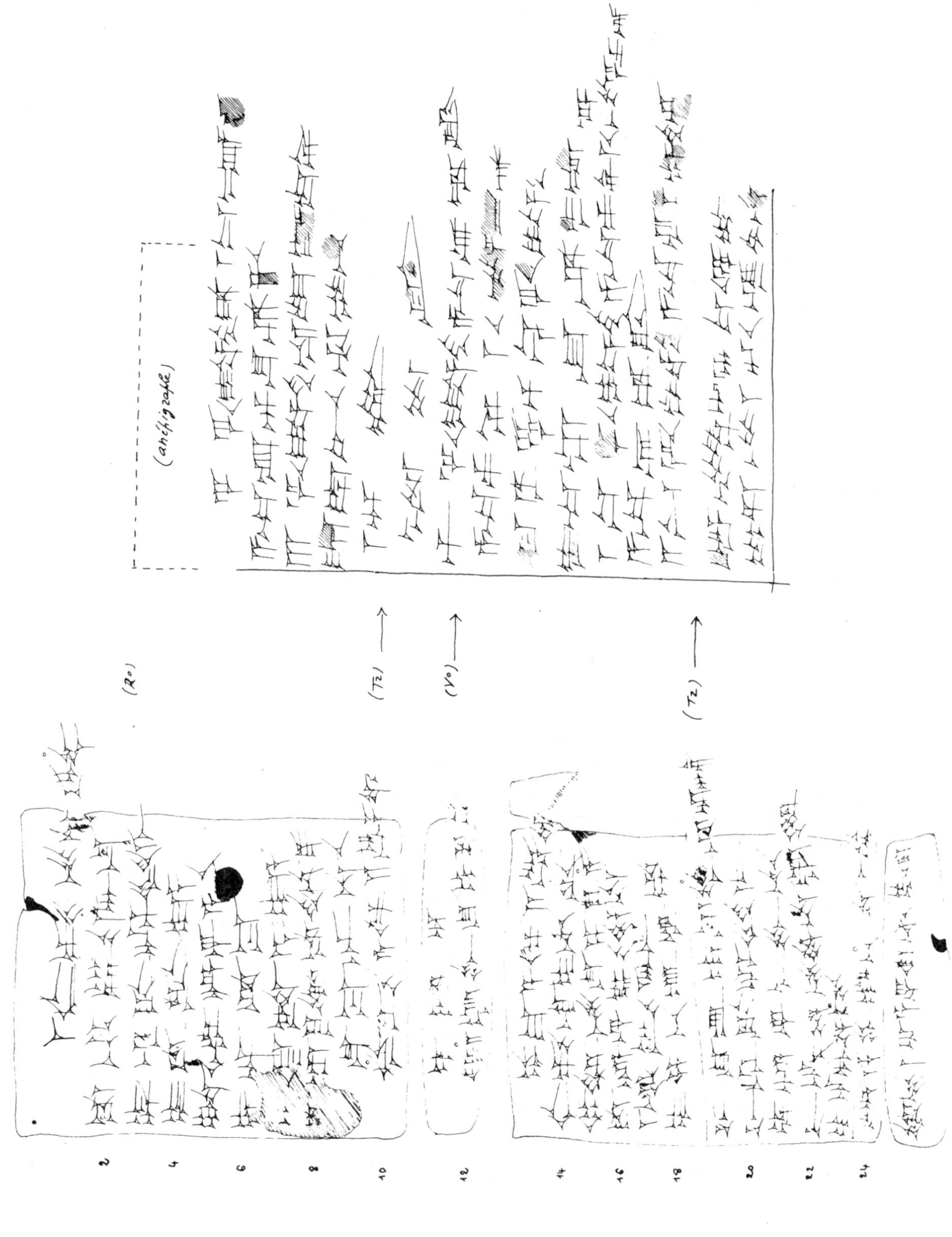

l. 4: Le nom propre me paraît sans parallèle; il peut s'agir d'un hypocoristique sur des NP du genre de *Ṣihtî-rûqat?* Cf. C. Saporetti op. cit. p. 413.

l. 7: la lecture *ki-it-a-iu* est raisonnablement sûre. Cf. Saporetti op. cit. p. 278-9 sub *ke-te-ya* et *ket-ta-ya?*

l. 8: *Kulišhinaš:* on trouve le plus souvent cette ville sous la forme *ku-liš-hi-na-áš*. Aux exemples attestés par les textes même édités ici, ajouter, V. Donbaz, Ninurta-Tukulti-Aššur, A 113 (p. 15) = E. Weidner AfO X (1935-6) p. 41, No. 95.

l. 19: *šu-ú:* la lecture est matériellement sûre. Ce nom qui existe depuis le III° millénaire, a été catalogué par H. Limet, dans son Anthroponymie Sumérienne, au nombre des noms sumériens qu'il appelle "ésotériques". Il doit, vraisemblablement avec sa variante *šu-ú-ú* [šuwu], être reversé au nombre des noms ni sumériens, ni akkadiens que l'on trouve au hasard des textes. Pour ce nom, cf. vraisemblablement l'équivalent lexical rare de lugal, *šu'u,* enregistré par AHw, *sub verbo šuwâ'um.* Le nom de son père rappelle des structures comme *Ṣupri-Erah,* (Mari) ou *Ṣupra-Adad* (Nuzi). Ces deux noms font sans doute partie du stock ouest-sémitique soubaréen. Cf. chez Tallqvist APN p. 221, le nom *šu-ú-a.*[46]

COMMENTAIRE

Le prêteur *Bêl-ahhê-šu* ne me paraît point documenté. En ce qui concerne l'emprunteur, il faut remarquer que, si c'est un certain *Aššur-apla-uṣur*, fils d'*Ilî-(e)rîba*, qui contracte la dette, c'est par contre, un dénommé *Aššur-aha-iddina* qui verrait tous ses biens saisis, en cas de non remboursement.

La situation rappelle immédiatement celle de KAJ 101 où, alors que le sceau en tête du document, donc de celui qui s'engage, est celui d'un *Aššur-apla-uṣur*, l'emprunteur est *Aššur-apla-iddina,* fils d'*Aššur-rêmî.* Comme ces deux textes sont à peu près de la même période, il pourrait être tentant de trouver un moyen d'unifier les deux *Aššur-apla-uṣur*, quoique KAJ 101 ne précise point le patronyme.[47] Dans AO 21380, la fortune des emprunteurs semble bien compromise, puisqu' elle équivaut à une vache, alors que dans KAJ 101, l'emprunt est considérable et rentre dans la série des prêts consentis par le *pît hašîme.* Il faudrait donc penser que la séquence chronologique est KAJ 101, et après un certain laps de temps, AO 21.380.

L'emprunt dans les deux textes est très dissemblable d'un point de vue quantitatif, mais non au point de vue qualitatif. KAJ 101 traite de l'emprunt par l'habitant d'un *dunnu* d'une quantité de grain importante (150 ânées) pour faire vivre sa "demeure",

[46]Pour les noms avec *ṣuprum* comme premier terme, cf. S. Dalley, *The old Babylonian Tablets from Tell Rimah*, p. 15 ad l. 16. "Ongle" (valeur attestée par la variante UMBIN) doit signifier "marque de possession," bien attesté par les textes juridiques. Ce sens est d'ailleurs ce qui convient pour Tell Rimah No 2: "j'arracherai l'ongle de l'homme d'Ešnunna de ces forteresses." Cela, malgré les doutes de AHw p. 1113a), doit valoir aussi pour les noms géographiques et une lecture *suppuri-* serait sans doute une *lectio facilior*.

[47]AO 21.380 ne permettant point de distinuer nettement MA et BA, contrairement à ce qui est usuel en médio-assyrien, on pourrait tenter de lire le nom du père d'*Aššur-apla-uṣur*, *Ilî-rêma*<*ni*> et y voir une variante d'*Aššur-rêmî*.

ainsi que des boeufs au nombre de 90[48] et des moissonneurs. Ce texte a donc un schéma entièrement comparable à VAS XIX 47 et KAJ 91.

Dans VAS XIX, 47, des quantités importantes de grain ou de farine, un certain nombre de moissonneurs et de bestiaux, sont empruntés par des individus, sur les réserves du *pît hašîme*.[49] On peut comparer:

a) KAJ 101 ll. 11-13: še-um-meš *an-ni-ú i-na la-a šu-a-te,* é-*su ú-ba-li-ṭí*

b) VAS XIX, 47, ll. 4-5: še-um-meš *an-ni-ú a-na pu-hi il-qi, a-na* šeš-meš-*šu i-na la šu-a-te i-di-ni* (cf. ll. 35-36; 40-41; 46-48);

,ll. 9-11: še-um-meš *an-ni-ú a-na pu-hi il-qi, ana* dumu-meš uru-*šu i-na la šu-a-te, i-di-ni* (cf. ll. 15-16). On notera en opposition, le cas plus simple de la personne isolée à la fin du texte (ll. 50-51): *i-na* ugu NP, *ik-ka-ri é-kál-lim ša* ^{uru} *kur-da.*

Le texte b), mis à part la clause *ina lâ šu'âte,* semble devoir être traduit[50]: "cet individu a pris le grain (selon la clause) *ana pûhi;* il le donnera à ses frères/aux fils de sa ville (:ses concitoyens)" et est immédiatement comparable à a): "cet individu (a pris) le grain; il en fera vivre sa famille"[51].

[48]KAJ 101 l. 2 sqq.: 1 me 50 anše še-um-meš *i-na* giš-bán sumun, 70 anše zì-da 90' gu$_4$ 2 sig$_5$-*tu*, 70 *e-ṣi-du i-na tu-re-zi-šu-nu, ša pi-it ha-*[*š*]*i-mi.*

[49]Il est donc vraisemblable qu'il faille lire dans KAJ 91, l. 2: 1 me 30 anše [še-um-meš], 50 u$_8$-udu-meš mu-2 [sig$_5$-*tu*], 50 *e-ṣi-du i-na* [*pi-it*/ é *ha-ši-me*], *ša* ^{I}*mu-šab'-ši-ú*, gal *i-ka-ra-te*, *ša* uru *hi-iš-ta-ri-ma* . . .

[50]Dans KAJ 91, še-um-meš *an-ni-ú* a été compris de façon générale comme signifiant "ce grain." Le schéma de VAS XIX,47 rend cette traduction difficile. Il est vraisemblable que sur le modèle de ce dernier, KAJ 91 est à comprendre še-um-meš *an-ni-ú* <*il-qí*>. En ce qui concerne la traduction d'*an-ni-ú*, même si VAS XIX, 47 est rempli de fautes matérielles [l. 5 a-na šeš-meš-<*šu*>; l. 15 še-um *an-*<*ni*>*-ú* l. 29: lú <*i*>*-ṣi-du* (et de même l. 42!), l. 42 *i-túr-zi-šu-nu* pour *i-na tu-re-zi-šu-nu*, l. 53 *aš-šur-//ŠUR//-a-li-ik'-pa-ni*], est-il vraisemblable que la séquence še-um *an-ni-ú* soit à traduire comme s'il y avait še-um *an-ni-a* ? še-um est bien connu pour être une écriture figée, laquelle n'est pas plus grammaticale que sa variante še-am (cf. l. 40). Dans sa grammaire du médio-assyrien, Mayer, AOAT-S 2 p. 107 postule un assez large emploi du "nominatif comme nominativus pendens." A regarder tous les exemples qu'il donne, aucun n'est vraiment bon. Son analyse de ces textes économiques suppose des phrases là où il n'y a en fait que des juxtapositions. Il faut donc éliminer tous les exemples où le nominatif constitue en réalité la rubrique qui ouvre le texte (KAJ 29, 37, 149, 250), tous les passages où l'on voit d'après les variantes que l'expression est à compléter (KAJ 95,9 lire gu$_4$-áb *an-ni-tu* <*šul-ma-nu ši-it*> (formule abrégée; cf. J. Finkelstein, JAOS 72, 1952, p. 77 n. 95; KAJ 14, l. 10 <*ša-ki-in*>*)* ou enfin tous les passages où le mouvement général de la phrase n'a pas été vu [phrase nominale]: KAJ 128,10: giš *hu-ra-tu, an-na-tu, ša i-na na-ar-te, ú-hal-li-qu-ú-ni*: cette h. c'est celle qu'il a perdue dans le fleuve; même schéma dans KAJ 129: "ce sont les (outils) qu'il avait reçus et abîmés (. . . *im-hur-ú-ni*, *ú-ma'-ṭí-ú-ni*) et dans KAJ 107 ll. 7-12: "cet aliment c'est celui qu'on lui a imposé pour la période du 9 au 11."

Il est donc vraisemblable que dans KAJ 91 comme dans VAS XIX, 47, *an-ni-ú* renvoie à l'emprunteur, non au grain emprunté.

[51]Un autre problème grammatical est posé par les formes verbales de ce lot de textes, qui lui donnent d'ailleurs une certaine unité. VAS 19, 47 porte *i-di-ni* (passim) et KAJ 101, 13 *ú-ba-li-ṭí*. Il ne faut donc pas corriger, comme le fait Mayer, AOAT-S 2 p. 30, la forme en *ú-ba-li-iṭ'*.

Pour ces formes verbales en *-i,* cf. Von Soden, GAG Par. 82 e ainsi que I. Gelb, *Sequential reconstruction of proto-akkadian* (AS 18) p. 106. Dans ce dernier auteur, il s'agirait d'un subjonctif en *-i,* non envisageable ici, pas plus que ne l'est la réduction de *-anni* à *î*, bien attestée pour le paléo-assyrien, cf. Hecker, An. Or. 44, Par. 78c).

Chaque fois donc un individu emprunte au nom d'une collectivité. Il doit s'agir d'un moment de crise. C'est sans doute ce qu'exprime la clause *ina lâ šu'âte*. Fine dans ses *Studies* . . . , p. 96, propose: "This grain, of that not belonging to him. . . . ," ce qui est une tautologie, un emprunt étant de façon évidente non à soi[52]. Mieux vaut comprendre: "en absence du sien/du leur," l'expression faisant référence au blé, farine, troupeau . . . ; ce qui revient à dire que ces gens n'ont plus rien.

Que signifie, dans un tel contexte, la clause *ana pûhi*[53]? AO 21.340 et KAJ 101 le montrent bien: si l'un emprunte, un autre est responsable. Il doit donc s'agir d'une clause portant sur une garantie collective, soit celle assumée par un groupe social, solidaire de la démarche effectuée par un de ses membres. Cela est indirectement confirmé par KAJ 91: 130 ânées de grain, 50 ovins de deux ans et 50 moissonneurs sur le [*pît hašîme*] de NP, chef des laboureurs, sont prêtés à deux frères. Il semble que seul, le sceau du premier existe en tête du document. Or, s'ils sont deux à verser le *šulmânu* (l. 15 et l. 20)[54], si l'affaire les concerne tous deux (l. 19 *a-ba-s*[*u*]*-nu am-rat*'), les clauses de perception (ll. 2-3: . . . *an-ni-ú, a-na pu-hi il-qi*) et de restitution (ll. 23-24: *i-na* uru *ni-nu-a, i-da-an, ṭup-pu-šu i-hap-pi*) sont au singulier[55].

Ces textes auraient donc tous l'intérêt de montrer l'existence de communautés villageoises, certaines groupées dans des lieux "forts," lesquels sont appelés par un nom d'individu, sans doute souvent, l'ancêtre commun, réel ou supposé[56].

Les formes médio-assyriennes apportent, à mon avis, une confirmation aux théories émises par T. Jacobsen dans JNES XIX (1960) p. 111 et n. 12. A ces deux formes, il faut ajouter *e-ṣi-di* (KAJ 81 l. 9, cf. p. 33) et *im-ti-ki-si* de AO 21.382, soit No. 11, l. 10. Jacobsen définit ce suffixe comme "a mode of compelled action". Je ne peux comprendre l'avis d'I. Gelb (op. cit. p. 106), selon le quel le *-i* des exemples cités par Jacobsen, serait "a form of affectation in the speech or writing habit of women". Ce sens d'"avoir à faire", proposé par Jacobsen convient à tous les exemples médio-assyriens. Il faudrait comprendre que le texte émet une réserve: il a emprunté sous condition de s'en servir pour faire vivre sa famille, ou de le distribuer à ses frères, concitoyens. . . .

Comment d'autre part, analyser la forme? D'après le sens, il s'agit d'un inaccompli. La forme en -i pour l'inaccompli est bien attestée dans les exemples collectés par Jacobsen. Il est vraisemblable donc que *i-di-ni* et *ú-ba-li-ṭi* sont des formes qui ont subi "l'harmonie vocalique" assyrienne. Le parfait *im-ti-ki-si* montre d'autre part que la forme en -i est indépendante de la notion d'aspect; les exemples de Jacobsen montrent, enfin, que la suffixation de l'optatif est attestée.

Morphologiquement, cependant, au vu des graphies paléo-babyloniennes, il est vraisemblable que plutôt qu'une simple suffixation en *-i*, on a à faire à une formation originale, où la dernière radicale est redoublée. Rien ne l'indique dans l'orthographe médio-assyrienne, mais les formes sont sans doute *iparrassi* et *iprussi*. [D. Charpin me signale pour le v.B. l'important article de F.R. Kraus dans Symbolae de Liagre—Böhl, pp. 253-265].

52Même traduction dans Koschaker, NKRAE p. XXX et Mayer AOAT-S, 2 p. 30.

53Cf. VAT 9703 (K. Deller RA LXVI (1972) p. 94: 8 sicles d'argent *ša* NP *ina* igi NP_2 $šu^2$ NP_3 *i-na pu-u-hi i-ti-ši:* PN_2 a emprunté 8 sicles à NP, contre la garantie de NP_3.

54Pour J. Finkelstein, JAOS 72 (1952) p. 77, n. 3, la nature du *šulmânu* de KAJ 91 était obscure. Il est possible que les ll. 14-15 soient à lire: [*ki-*]*i šul-ma-ni*, [l i]r ᴵrúg-<*aš*>*-šur* (cf. KAJ p. viii sub No. 91, l. 15) *i-di-nu*. Il s'agirait du don d'un esclave, bien attesté par ailleurs.

La fin de KAJ 91, loin d'être claire, est à lire l. 21 sqq.: *a'-di'* 5 iti-u_4-meš-*te* še-um-meš [*q*]*í-me iṭ-ṭe₄-na*. pour cette expression "moudre en farine", cf. VAS XIX, 1,i 6′ et analogues: zì-da *a-na ṭ*[*é-a-*]*ni ta-din*: "orge donné pour être moulu en farine."

55L'emploi constant dans VAS XIX, 47 de *il-qi,* ne permet plus de comprendre comme Koschaker, NKRAE p. 139 (suivant une suggestion de B. Landsberger), "dieses Korn haben sie als Ersatz für eine Lehenspflicht? (*il-ki*') [al]s *šulmânu* gegeben".

56Pour l'aspect familial du *dunnu,* cf. le net témoignage de KAJ 100, où l'on parle d'une certaine

Ce terme de "frère" que l'on trouve dans VAS XIX, 47, n'est sans doute qu'une variante de "fils de sa ville," qui équivaut en gros à "concitoyens," et ne signifie pas autre chose qu'une certaine communauté. KAJ 91 montre deux vrais frères. Mais, la comparaison de deux textes de Fakhariyah (OIP 79) montre que la dénomination est vague et peut ne noter qu'une communauté d'intérêts. Dans OIP 79, No. 5, *Kidin-Šûriha* et *Adad-šallim,* le fils d'*Ubru,* reconnaissent leur dette envers *Adad-murabbi,* "leur frère". Or, dans OIP 79, No. 6, *Kidin-Šûriha* et *Adad-murabbi* sont explicitement dits fils de *Kube-êreš.* Apparemment *Kiddin-Šûriha* se retire de l'association et ce que les trois hommes se partagent est un *bît abi* sur lequel ils prennent leur part (*zittu*). Sur l'ensemble des biens, deux "frères" avaient déjà prélevé les *zubbulâ'u,* soit le présent d'épousailles. L'association est donc nettement sentie comme familiale. Ce serait vraiment une erreur que d'expliquer le texte comme supposant un acte d'adoption d'un ou de deux enfants par un des "pères engendreurs". Il vaut mieux considérer que le vocabulaire familial ne fait que souligner l'étroitesse des liens entre membres d'une même communauté, même si leurs arbres généalogiques ont une origine différente[57].

NO. 10. AO 21.381

0,1.1.5 *qa* zì-da
ša ^{I}*ub-ri*
ša i-na šu ^{I}*ma-ṣi-*^{d}utu
im-hu-ru-ni
ša šu ^{Id}[ut]u-nì-ba
ù ^{I}*kur-ba-ni*
^{I}*kur-ba-nu-ma*
ma-hi-ir
iti dingir-meš u_4 8-kam
li-mu
^{Id}*a-šur-ki-ti- de'*

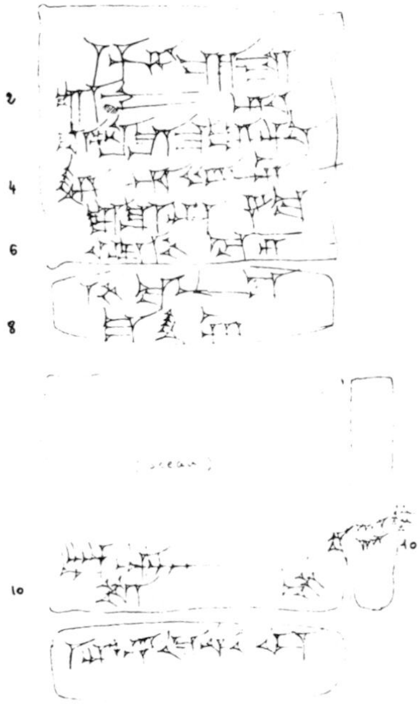

Damqat-Tašmêtu, fille d'*Asusia,* faisant partie du *dunnu* d'*Asusia*. Parmi les témoins, on note de plus la présence d'*Adad-uma'i,* fils d'*Adad-rêṣu'a*, fils d'*Asusia*.

De même à Tell-Billa, No. 47, l. 7, le *dunnu* des fils de dame KAL- . . . , ou ibidem, l. 22, la communauté représentée par le *al dunnu ša* lú-simug-me.

Il est possible que tous ces *dunnu,* le plus souvent déterminé par un NP, ne soient pas autres que les *dunnu* que l'on voit vendus ou hypothéqués dans les textes de la pratique juridique. Cf. pour le *dunnu*, n. 34.

[57]Il existe un texte paléo-babylonien du Louvre inédit, à paraître avec les copies inédites de J. Nougayrol dans la *Revue d'Assyriologie* [=*RA* 73 (1979) p. 76 Ao. 10334], où la dénonciation de l'appartenance à un *bîtum*—réalité commerciale!—et la rupture des relations économiques, se fait par les affirmations que l'on voit justement être proscrites dans les textes d'adoptions (genre: "s'il dit à NP: "tu n'es plus mon père. . . ," etc.).

TRADUCTION

7 (*sûtu*) et 5 *qa* de farine, appartenant à *Ubru,* que de la main de *Maṣi-Šamaš,* on a reçu; faisant partie (désormais) du service de *Šamaš-iqîš* et de *Kurbanu;* c'est *Kurbanu* qui a recu (la farine);

le 8 de *(Muhur)-ilâni;*
Eponymat d'*Aššur-kitti-ide.*

COMMENTAIRE

Ce texte fait, manifestement partie du même lot d'archives qu'AO 21.382.
l. 9: "mieux ^{d}XXX$^{!}$" (C.S.).
l. 11. (C.S.).

N0. 11. AO 21.382

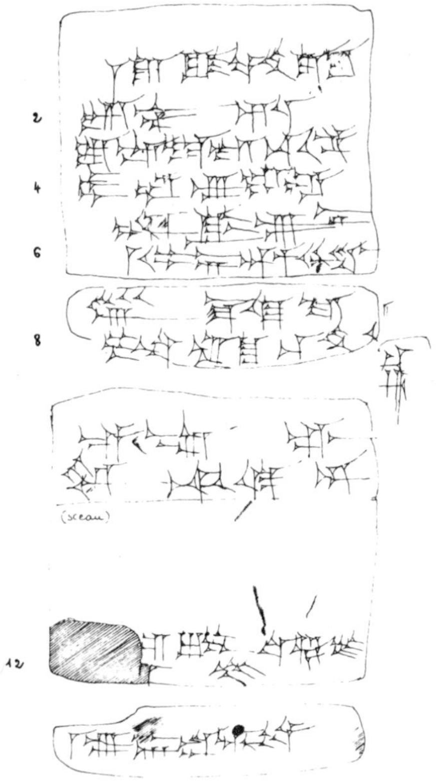

1 udu-u$_8$ *pír-hi* udu-gukkal
2 *ša* ^{I}*ub-re*
ša iš-tu su-ti-e
i-iu-ú-ra-ie
il-qi-ú-ni
6 ^{I}*ṣíl-lí-*^{d}*digla*^{lá}
lú *ma-ki-su*
8 *i-na* uru *ku-liš-hi-na-áš*
e-ta-mar
10 *im-ti-ki-si*
iti [*ṣ*]*i-ip-pu* u$_4$ 16-kam
12 *li-mu*
^{I}*ú-sa-at-*^{d}amar-utu

TRADUCTION

Une brebis, race$^{?}$ gukkalu, appartenant à *Ubru,* que l'on a pris de chez *Suti'u,* le Yuréen; *Ṣilli-Digla,* le percepteur, dans la ville de *Kulišhinaš,* l'a vue et percue.

le 16 *Ṣippu;*
Eponymat d' *Usat-Marduk.*

NOTES

l. 1: après collation répétée, je ne peux voir autre chose que l'autographie proposée, ni comprendre autre chose. Une telle graphie de *per'u* est "normale", un tel sens en ce qui concerne des animaux serait un *unicum.* Pour l'idée, cf. KAJ 190, 6: 1 udu-u$_8$ udu-gukkal. GUKKAL aurait une graphie simplifiée qui est, en fait, quoique non encore enregistrée, bien attestée. Outre KAJ 190, cf. VAS XIX, 29 l. 72 etc. . . . Même simplification pour la chevrette MÍ + ÁŠ-gàr écrite DAM-gàr, cf. VAS XIX, 2, 3 et Donbaz Ninurta-Tukulti-Aššur p. 18 (A 1735, 14, 15, 17).

l. 4: ethnique, sur un nom de ville ou de peuple que je ne retrouve pas.

l. 8: pour cette ville, cf. sub No. 8 ad l. 12. La mention de la même ville dans une série de textes, pourrait indiquer une unité de provenance pour AO 20.157 et 21.380, 21.381 et 21.382 (soit les Nos. 8, 9, 10 et 11).

l. 10: pour cette forme en *-i,* cf. n. 52.

COMMENTAIRE

AO 21.382 est le bien venu car jusqu'à présent, tout exemple de *makâsu* manquait pour l'époque médio-assyrienne, aussi bien dans les dictionnaires CAD et AHw, que dans l'ouvrage de M. de J. Ellis[58]. Le *mâkisu,* cependant était connu par KAJ 301,4, MCS 2, 16, 6 et AfO XVIII, 344, 51.

Il est possible de lire maintenant, sur la base d'AO 21.382, KAJ 301: 60 túg-há gi[bil], *ša* ^{I}*ku-ta-li-*^{d}utu, dumu ^{d}utu-*an-dù*[*l-l*]*i*'[59], ^{I}*eq-ṣú* dumu ^{d}iškur-ib[ila-*i*]*d-din* (cf. Saporetti, p. 262), lú *ma-ki-su i-na* uru-*lìb-bi*-uru [*e*]*-ta-ma-ar,* [*i*]*-im-ti-ki'-s*[*i*]. La formulation est exactement parallèle à notre texte.

On peut ajouter à cet exemple, d'autres en provenance de Tell-Rimah: TR 3019 (Iraq XXX, 1968 pl. LXII): 50 ma-na an-na, *ša mi'-i*[*k*]*-si ša* eme$_5$ *ša* anše' [*š*]*a* mu-2, *ša iš-tu* kur-*ad na-i-ri t*[*u*]*-ṣa-ni, š*[*a* ^{I}] *ú-bal-*<*li*>*su-*^{d}*amar-utu*, lú-dam-gàr *iš-tu* kur-*ad na-i-ri, ú-še-ṣi-a-ni, ša* ^{I}*a-bu*-du$_{10}$-ga, dumu ^{d}kur-*na*-sag, ^{I}*lul-la-ia-ú,* dumu ^{d}utu-*ah-he*-kam, lú' *ma-ki'-su*, *e-ta-mar' im-ti-ki*[*s-ú*]*-ni*[60], ^{I} . . . . , [*m*]*a-hi-ir*:

"Cinquante mines d'étain, représentant l'imposition consistant en une femelle d'âne[61], de deux ans, qui est venue du *Na'iri* et que *Uballissu-Marduk,* le marchand a

[58]M. de J. Ellis, *Agriculture and the State in Ancient Mesopotamia*, Occasional publications. . . . Philadelphia, 1976.

[59]C. Saporetti préfère lire, op. cit. p. 437: *šamaš-ilu-ašarêd.* Même écriture dans VAS XIX, No. 1, i, 32' où il vaut mieux lire ^{d}iškur-an-dùl, de préférence ā H. Freydank, AOF I (1964) pp. 60-61 ^{d}iškur-dingir-sag? (ref. D. Charpin)!

[60]On n'a que faire à la l. 11 d'un *-ni.* J'ai conjecturé que le bord droit de la tablette étant manifestement abimé, le copiste avait attribué une ligne trop haut, un signe qui en fait appartenait à la l. 12, où le subjonctif réclame une telle désinence. Il n'est pas rare qu'en médio-assyrien, les lignes "remontent" du côté droit.

[61]L'autographie n'est pas excellente, mais c'est tout ce que je peux proposer, qui ne fasse point trop violence aux traces copiées et qui d' autre part soit un substantif féminin pluriel, voulu par l'accord des verbes qui en dépendent. Pour l'expression, cf. KAJ 311, 1.

fait sortir du *Nairi*, laquelle, *Abu-ṭâbu*, fils de *Šadana-ašâred* (et) *lulaiû*, fils de *Šamaš-ahhê-ereš*, le(s) percepteur(s), ont vue et perçue. TR 3023 (ibidem pl. LXIII): 4 anše še-[um-meš], kur₆-*at* anše-[kur-ra-meš], *ù* lú'-[erin₂⁻ᵐᵉˢ], giš. . . , *mi-ik'-s*[*u*], *ša a-bu*-du₁₀-ga, *im'*-[*k*]*i-su*-[*ni*], *ma-hi-ir*:

A ces textes, il faut naturellement ajouter AO 20157 qui, quoique difficile de lecture, présente à la fin, la formule *êtamar imtikis*.

Ce couple *amâru-makâsu* rappelle celui de *amâru-laqâ'u* dans les textes de *šulmânu*. Dans ces derniers documents, *amâru* (voir) se dit de *abassu(nu)*: "son/ses affaires." Dans les textes de *miksu*, il doit s'agir de l'estimation de la valeur globale avant la fixation de la taxe. On voit d'après TR 3019 que le *miksu* peut être en étain, relativement à des animaux importés; que le *miksu* d'autre part porte sur toute une série de produits divers. Ce sens d'*amâru* "inspecter" est médio-assyrien, comme l'indique AfO XVII, 274, 45 (édits du Harem). Je ne connais pas de parallèle exact à ce couple *amâru-makâsu*. L'important lot de textes de Mari, sur le *miksum*, publié par Mme Lurton-Burke, permet, cependant, de trouver une expression analogue qui, malgré une nomenclature différente, aide à mieux comprendre le procédé fiscal:

ARMT XIII p. 97 No. 95: 1 giš-m[á] . . . *ú-ul bu-uh-ha-a*[*t*], *ú-ul m*[*a-ak-sa-at*], *mu-ku*[-*us*], en parallèle avec *ibidem* No. 96: 2 giš-má esir . . . *ú-ul bu-uh-ha-* <<*ha*>> *ú-ul ma-ak-sa mu-ku-us*:" (tant) de bâteaux n'ont pas été vus, ni perçus; perçois!" *bu' 'um* signifie ici "inspecter," dans le sens apparemment de reconnaître la cargaison pour en évaluer la valeur.

NO. 12. (COLLECTION PRIVÉE) (Copie p. 39)

```
        4 ninda gig ša 1 qa tap-ṭir-t[u]
2       a-na é ᵈšu-ri-ha
        3 ninda gig iš-tu nap'-te-ni
4       ša' dumu-munus u-en-gab-be
        ˡdingir-lugal
6       il-te-qi
        1/2 ninda gig a-na sa-al-qi
8       a-na pa-ni 1 u-mu šá ú-ri
        šu-nigin 7 1/2 qa' ninda gig
10      i-na uru šu-ri i-ta-kal
        1 qa ninda gig a-na pa-ni ˡu-mu šá ú-ri
12      a-na sa-al-qi
        2 qa ninda gig a-na é šá ᵈˡiškur
14      iti mu-hur-dingir-meš u₄-17-kam
        li-mu ˡᵈeš₄-tár-kám'
```

TRADUCTION

Quatre pains de froment, (représentant chacun) un litre (de froment): offrande de délivrance, pour le temple de *Šûriha*.

Trois pains de froment, provenant du "repas" de la fille d'*Adad-bêl-gabbe*; *Ilî-milkî* (les) a pris.

Un demi pain de froment pour (accompagner la viande) rôtie:à la disposition d'*Adad-iddin*, de l'écurie.

Total: sept litres et demi de froment (sous forme de) pain, consommés dans la ville de *Šûri*.

Un litre de froment (sous forme de) pain: mis à la disposition d'*Adad-iddin*, de l'écurie, pour (accompagner) la viande rôtie.

Deux litres de froment (sous forme de) pain pour le temple de Tešub/Adad.

Mois de *Muhur-ilâni;*
Eponymat d'*Eštar-êreš*.

NOTES

Cette copie avait été confiée par J. Nougayrol à M.-J. Aynard. Elle se trouve datée de la fin de 1962. La copie n'a pu être collationnée. Il n'y avait pas de traduction par J. Nougayrol. Chaque fois que ma transcription s'éloigne de la sienne, je donne, en note, celle-ci.

l. 1: La fin de cette ligne avait été comprise par J. N. comme un nom propre. Il vaut mieux, sans doute en détacher "1 *qa*," d'après la récapitulation de la l. 9. Le substantif *tapṭirtu,* dont la lecture n'est pas contraire à l'autographie, n'est pas attesté, selon AHw (p. 1323a), avant le I° millénaire (Zornlösung).

l. 2: Le dieu *Šûriha* n'est pas un hapax à l'époque médio-assyrienne dans une onomastique hourritisante. Ainsi le retrouve-t-on dans KAJ 245, 12 où un *Arip-Šûriha* est "habitant de *Šûri*," ou en KAJ 224 (296), 2 où, avec C. Saporetti, op. cit. p. 290, on doit lire sans doute šú-^{d}[*šu-r*]*i-ha*, habitant de uru é-^{d}nin.[62] Un théophore en *Šûriha* se retrouve dans le *Kidin-Šûriha* d'OIP 79, Nos. 82 et 83 ainsi que vraisemblablement [cassé!] dans VAS XIX, 57 iv 24', où le nom pourrait être féminin.

Le dieu est d'autre part bien attesté par l'onomastique de Nuzi. Ajouter aux références de NPN, Cassin-Glassner, AAN p. 29 (*a-ri-ip-šu-ri-ha*) et p. 132 *šu-ri-ha-*dingir), ainsi que Clay PNCP p. 63, et p. 164 et Tallqvist APN p. 226.

Cette mention de *Šûriha* dans l'onomastique des habitants de *Šûri,* et celle de son culte pour la même ville, conforte la proposition de NPN p. 260 que *Šûriha* signifie "celui de *Šûri*", avec renvoi à *Šura,* dans le Hanigalbat: cf. LAR I Par. 498 et 502.

[62]Le nom de ville est certainement complet à en juger par IIIR 66, r. ii 28; voir en général pour cette ville Frankena, *Tâkultu* p. 119 (lijst der plaatsnamen No. 4). Elle est mentionnée dans *l'Adressbook*, après Kalzi et Aššur. Vu l'époque, cette déesse pourrait ne pas être à lire *Bêltu* (akkadien), mais cacher *Allatum,* cette dernière signifiant "dame" en hourrite. Pour la mention de cette dernière dans *l'Addressbook*, cf. Frankena, *Tâkultu,* p. 78, N° 8.

L'onomastique des gens venant de *Šûri* est d'ailleurs en majorité hourrite, ou au moins "non-assyrienne". Cf la liste compilée par C. Saporetti, op. cit. /2 pp. 258-59.

On ne peut écarter de ce dieu *Šûriha,* la forme ^{d}*šu-ru-uh-hi* attestée par les textes hittites. Cf. E. Laroche, RHA VII, 46 (1946-7) p. 60, avec renvoi à *Šurun,* ville du Mitanni, attestée par KBo I,1 r. 17 (Weidner, P.D. p. 22, l. 17). *Šuruhhi* est d'ailleurs le dieu mitannien d'un traité akkado-hittite (cf. Weidner P.D. p. 22 l. 57) et se retrouve en contexte hourritisant dans KUB XXVII, 13 (offrandes de pain aux dieux du père, au lit *nathi,* à l'*akanni*, à l'*ambašši* . . . etc).

L'opposition *-uhhi* (occident) *versus ih(h?)a* (orient) est remarquable. Pour *Šurun,* cf. Or. ns XXXVIII (1969) p. 406. Pour *Šûriha*, voir en dernier lieu H. Freydank, Or. ns. XLV p. 179 n. 11[63].

Il est possible que l'on connaisse, par le lieu de trouvaille de ces tablettes, l'emplacement de la ville de *Šûri,* elle-même.

l. 3: J.N. a transcrit "*iš-tu i*$^{?}$*-za*$^{?}$*-te-ni* / dumu dumu-sal, etc. . . ." Outre qu'un nom *Izateni* m'est inconnu, on attend un indicateur de NP devant ce mot, s'il doit être interprété comme tel. Notre texte fait en effet usage de ce procédé. Cette marque est nécessaire devant les protagonistes et n'est pas employée en général devant les NP de ceux qui ne sont pas présents (patronymes). L'emploi de *naptânu* va bien dans un contexte de consommation et d'offrandes.

l. 7: *salqu* (ou *silqu*) est généralement compris en référence à de la viande (rôtie). La mention de pain "pour le *salqu*" est donc en soi inattendue. Ou bien l'on a à faire à une offrande rituelle, auquel cas l'opération religieuse recourrerait à plusieurs ingrédients et prendrait son nom de l'offrande la plus importante, ou bien il s'agit d'un simple accompagnement, comme ces grandes tranches de pain sur lesquelles on peut servir des morceaux de viande rôtie.

l. 8: La ligne ne m'est pas compréhensible. J.N. a lu ^{I}u-mu$^{?}$-šá$^{?}$-pa$^{?}$-ri, le RI lui paraissant douteux dans le second cas. u-mu forme un NP médio-assyrien, mais quoiqu'une séquence ^{I}u-mu-gar-*un* (*Adad-šuma-iškun*) ne semble pas attestée pour l'époque, elle reste cependant possible, paléographiquement. Le mieux est, peut-être, de trouver un titre en *šá* suivi d'une mention quelconque. La lecture *šá ú-ri* n'est rien de plus qu'une simple proposition, en tenant compte le plus possible des traces.

l. 13: Même problème. J.N. ne transcrit rien (cf. l. 2). J'ai tenu compte pour la lecture ^{d}iškur du fait que l'on n'attend point à l'époque une finale en *-im,* excluant donc une lecture *má-gar-ri*$^{?}$*-im:*" provisions pour navigation."

l. 15: (C.S.).

[63]En parallèle à cette formation *Šûri-Šûriha,* il faut sans doute réexaminer l'étymologie du dieu *Samnuha.* Pour l'onomastique comportant cette divinité, cf. C. Saporetti, op. cit. /2 p. 389, au quel il faut ajouter VAS XIX 32 l. 15 et, 51 l. 8'. En VAS XIX, 72, l. 3, le même personnage (agrig) se présente sous la forme ^{d}*sa-ma-nu-ha*-sag. Pour les différentes formes que prend le nom du dieu, cf. Frankena, *Tâkultu* p. 110, No. 192.

Il faut vraisemblablement renoncer à l'idée de J. Lewy (HUCA XVIII, 477 n. 261 et Or. ns XXI, 11), reprise par Albright (AfO VII, 164) que *Sam(a)nuha* est la forme hourrite de *Šulmânu.* Il s'agit, certainement, du dieu de *Samanu,* ville des alentours de Šibaniba (Tell-Billa), d'après Tell Billah No. 80, l. 10. C'est en gros la région de Ninive (cf. ADD 1169, 5), fortement hourritisée pendant le II° millénaire.

On comprend pourquoi un dieu pareil recoit l'épithète d'*ašarêdu* (qui marche en tête). Il s'agit chaque fois d'une pure épithète géographique: "celui du *šûri,* de *Samanu",* renvoyant en fait à un grande divinité, *Tešub* ou analogues.

INDEX

A. ANTHROPONYMES

Abî-ilî	5,4	f. d'*Abu-ṭâbu*, p. d'*Ahu-ṭâbî, Tišpakka-da'an* et *Ṣilli-hubbuši-ša*
Abu-ṭâbu	5,5	p. d'*Abî-ilî*, gp d'*Ahu-ṭâbî, Tišpakka-da'an* et *Ṣilli-hubbuši-ša*
Abu-^{d}EN-. . .	7,16	scribe; fils d'*Iqbi-* . . . .
Adad-aha-iddin	8,11	p. d'*Eqṣu*
Adad-bânî	2,11	[fr. de *Pûiae*, f. de *Bullia*]
Adad-bêl-gabbe	12,4	
Adad-da'an	2,27	f. de *Rîš-Nabû*
Adad-da'iq	4,11	f. de *Šumuqan-tîde*
Adad-iddin	12,8	préposé à l'étable (?)
Adad-mâlik	3,5	f. d'*Ilî-êreš*
Adad-rê'ûni	4,15	f. de *šêpê-Adad*
Adad-šâduni	2,28	f. de *Kidinnu*
Adad-šûma-lêšir	6,17	f. de *qîpa-ilâni*
Adad-teia	6,13	
Adad-uballiṭ	1,15,17	f. d'*Uṣṣuria*
Adad- ? *-lêšir*	8,4	p. de *Lâ-tallapat(um)*
Ahu-ṭâbî	5,1	f. d'*Abî-ilî*, fr. de *Tišpakka-da'an* et de *Ṣilli-hubbuši-ša*, p.f. de *Abu-ṭâbu;* villageois d'*Urad-ilâni*
Amurru-nâṣir	5,24	scribe; p. de *Ṣilli-Amurru*
Aššur-aha-iddina	5,20	p. d'*Aššur-mušêzib*
Aššur-aha-iddina	9,16	
Aššur-apla-êreš	1,25	
Aššur-apla-iddina	1,20	
Aššur-apla-uṣur	9,5	f. d'*Ilî-(e)rîba*, pf. de *Kit'aia*, de la ville de *Kulišhinaš*
Aššur-da'an	4,19	éponyme
Aššur-êreš	5,28	éponyme
Aššur-iddin	5,21	f. de *Šamaš-uma'i*
Aššur-kettî-ide	9,25;10,11	éponyme
Aššur-mušêzib	5,19	f. d'*Aššur-aha-iddina*
Aššur-nâdin-apli	1,27	éponyme
Aššur-qarrâd	3,26	f. d'EN- . . . . TI
Aššur-rêmânnî	4,4	f. de *Nâmer-Aššur*
Aššur-tappûtî	9,21	p. de *Siqi-Digla.*
Azukia	2,4	p. de *Bêl-nâṣir*
Bêl-ahhê-šu	9,2	f. de *Siqi-Digla*, pf. de *Ruqia*
Bêl-nâṣir	2,4	f. d'*Azukia*
Bêr-mâra-iddin	6,3	f. de *Kurbânu*
Bêr-nâdin-ahhê	2,34	éponyme
Bêr-uballissu	5,17	f. de *Ṣilli-kube*

Bu'ânu	3,20	f. de *Mâr-ešrê*
Bullia	2,5	p. de *Pûiae* [et d'*Adad-bânî*]
Edû	2,26	p. de *Ṣillia*
Eqṣu	8,9	percepteur; f. d'*Adad-aha-iddin*
Iâda-abî-ilî	6,5	f. de *Sâmidu,* de la ville d'*Al-Nabû-ka* . . .
Ilî-êreš	3,5	p. d'*Adad-mâlik*
Ilî-(e)rîba	9,6	p. d'*Aššur-apla-uṣur,* f.de *Kit'aia*
Ilî-itti-abia	7,5	p. de . . . .
Ilî-mudammiq	2,29	scribe; f. de x-*bilu'a*
Ilî-milkî	12,5	
Ipluhu	6,16	p. de *šamaš-šûma-iddin*
Iqbi-AN. . .	7,17	p. d' *Abu*-EN . . . .
Iqîš-Adad	3,22	
Iqîš-Adad	3,25	f. d' *Urad-Šeru'a*
i- ? -^{d}EN- ?	8,16	éponyme(*Ittabši-dên-Aššur* ?)
Ištar-êreš	12,15	éponyme
Kašše	1,9	*ša huṭâri*
Kidin-Marduk	4,2	f. d' *Urad-Adad*
Kidin-Šulmânu	5,8	p. d' *Urad-ilâni*, f. d' *Urad-Tašmêtu*
Kidin-Tašmetu	5,27	f. de [...]-*Adad*
Kidinnu	2,28	p. d'*Adad-šadûni*
Kit'aia	9,7	p. d'*Ilî-(e)rîba,* gp. d'*Aššur-apla-uṣur*
Kurbânu	10,6	
Kurbânu	6,3	p. de *Bêr-mâra-iddin*, intendant
Lâ-talappat(um)?	6,4	intendant;
	8,3	f. d'*Adad- ? -lêšir*, de la ville de *Kulišhinaš*
Li?*-bur*?-. . . .	7,19	éponyme
Lullaiu	6,13	
Lullaiu	6,20	p. de *šamaš-êpir*
Maṣi-Šamaš	10,3	
Marduk-šûma-iddina	9,22	scribe; f. de *Sîn-nêrârî*
Mâr-ešrê	3,21	p. de *Bu'ânu*
Marṣânî	6,14	
Mušabši-Aššur	1,1	
Nabû-bêl-uṣur	6,22	éponyme
Nabû-dêna-ide	3,30	éponyme
Nâmer-Aššur	4,5	p. d'*Aššur-rêmânnî*
Napšeru	7,15	p. de *Bêl-* . . . .
Pâlihu	3,7	p. de *Šamaš-abi-êdi,* gp. d' *Urad-Šeru'a,* gardien
Pûiae	2,5	f. de *Bullia,* [fr. d'*Adad-bânî*]
Qîpa-ilâni	6,18	p. d'*Adad-šûma-lêšir* (*da'âni-īlī* ?)
Rîš-Nabû	2,27	p. d'*Adad-da'an*
Rûqia	9,4	p. de *Siqi-Digla,* gp. de *Bêl-ahhê-šu*
Sâmidu	6,6	p. de *Iâda-abî-ilî*
Sîn-mušêzib	6,12	
Sîn-nêrârî	9,23	f. de *Marduk-šûma-iddina*
Siqi-Digla	9,3	p. de *Bêl-ahhê-šu,* f. de *Rûqia*

Siqi-Digla	9,20	f. d'*Aššur-tappûtî*
Sumuqan-tîde	4,12	p. d'*Adad-da'iq*
Suti'u	4,13	f. de *Šamšî-amranni*
	11,3	Yuréen
Ṣillia	2,26	f. d'*Edû*
Ṣilli-Amurru	5,23	f. d'*Amurru-nâṣir*
Ṣilli-Digla	11,6	percepteur;
Ṣilli-hubbuši-ša	5,3	f. d'*Abî-ilî*, pf. d'*Abu-ṭâbu*, fr. de *Tišpakka-da'an* et de *Ahu-ṭâbî*, villageois d'*Urad-îlâni*
Ṣilli-Kube	5,18	p. de *Bêr-uballissu*
Ṣupri-ilâni	9,19	p. de *Šu'u*
Šamaš-abi-êdi	3,6	p. d'*Urad-šeru'a*
Šamaš-êpir	6,19	scribe, fils de *Lullaiu*
Šamaš-iqîš	10,5	
Šamaš-šûma-iddin	6,16	f. d'*Ipluhu*
Šamaš-uma'i	5,22	p. d'*Aššur-iddin*
Šamšî-amranni	4,14	p. de *Suti'u*
Šêpê-Adad	4,16	p. d'*Adad-rê'ûni*
Šu'u	9,19	f. de *Ṣupri-ilâni*
Tišpakka-da'an	5,2	f. d'*Abî-ilî*, pf. d'*Abu-ṭâbu*, fr. d'*Ahu-ṭâbî* et de *Ṣilli-hubbuši-ša*, villageois d'*Urad-ilâni*
Ubru	10,2	
	11,2	
Urad-Adad	4,3	p. de *Kidin-Marduk*, préposé à la basse-cour
Urad-Digla	7,3	p. d'*Urad-Mârat-Anim*
Urad-ilâni	5,5	f. de *Kidin-Šulmânu*
Urad-Mârat-Anim	7,2	f. d'*Urad-Digla*
Urad-Šeru'a	3,6	f. de *Samaš-abi-êdi*, pf. de *Pâlihu*
Urad-Šeru'a	3,25	p. de *Iqîš-Adad*
Urad-Tašmêtu	5,8	p. de *Kidin-šulmânu*
Usât-Marduk	11,13	éponyme
Uṣṣurria	1,16	p. d'*Adad-uballiṭ*

B. MÉTIERS ET OCCUPATIONS

alaiû	cf. *Ahî-ṭâbî*, *Ṣilli-hubbuši-ša* et *Tišpakka-da'an*
limmu	*Adad-kidinnu*, *Aššur-da'an*, *Aššur-êreš*, *Aššur-ketti-ide*, *Bêr-nâdin-ahhê*, *i* . . . . ^{d}EN . . . , *li'-bur'* . . . , *Nabû-bêl-uṣur*, *Nabû-dêna-ide*, *Usât-Marduk*
mâkisu	*Eqṣu*, *Ṣilli-Digla*
râb-alâni	*Kurbânu*, *Lâ-talappat*
sâhiru	*Pâlihu*
ša uri	*Adad-iddin*
ṭupšarru	*Abu*-EN . . . , *šamaš-epir*, *Ilî-mudammiq*, *Marduk-šûma-iddina*

ušandu *Urad-Adad*

C. TOPONYMES ET GENTILICES

Al [1] Nabû-ka . . .	6,7
Aššur	1,18
bâb Marduk	3,8
bît Adad	12,13
bît Anim	3,4
bît Šûrîha	12,2
Iyuraiû	11,4
Kulišhinaš	8,5 et 12; 9,8; 11,8
Sutû	8,6
Šamu	1,10
Šikunišir	1,7
Šûri	12,10

D. NOMS DE DIVINITÉS

Adad	12,13
Anum	3,4
Marduk	3,8
Šûriha	12,2

E. INDEX DES TEXTES CITÉS

ABL 497 1,6		p. 37
AfO XVII p.274, 1.43		p. 37
ARMT XIII No. 95, No. 98		p. 46
BE XIV, 129		n. 20
CAD B p. 61 a		p. 23
CAD E p. 250 a		p. 8
CAD L p.138 a		p. 23
Chiera, Joint Exp., 542		n. 42
	, 550	n. 42
CODE M-Ass. A	Par. 36, 103	n. 41
	Par. 39	p. 23 n. 26
	Par. 45	p. 10 n. 6; n. 7
	B Par. 10	n. 34
	Par. 19	n. 41
CT 51, 6 1.6		n. 42

Donbaz N-T-A, A-1735		p. 45
HUCA 40-41 p. 70 1.14		n. 42
IRAQ XVII p. 87 sqq.		n. 24
JCS VII p. 132, No. 47, 7		n. 56
KAJ	7	p. 24 n. 27
	11, 14	p. 32
	11, 17	n. 39
	13, 26	p. 8
	50, 10	n. 8
	83, 3 et 9	p. 33
	91	p. 42 n. 49; n. 54
	95, 9	n. 50
	99, 14 et 17	p. 32-33
	100	p. 5 n. 56
	101	p. 40 n. 48; n. 51
	107	n. 50
	109	p. 17
	128, 10	n. 50
	129	n. 50
	160	n. 18
	162	p. 12
	167	p. 23
	168	n. 29
	173	p. 13
	177	p. 13 n. 14
	180, 1.4	p. 37
	183	p. 13
	301	p. 37 et p. 45
KAV	26, r. 14′	p. 17
	212	n. 16
MARI, S. 160 No. 142		p. 37
MDP XXIII No. 200, 54		p. 9
MSL X p. 7, 1.154		n. 23

OIP 79 Nos. 5 et 6		p. 43
Or-Ns XXXIII p. 257, No. 1		p. 10
PBS VII, 103		p. 8
RA LXVI p. 94		n. 53
SUMER XXIV p. 37, 4		p. 22
TIM IV No. 45, l. 5		n. 27; n. 28
TR 3001		p. 9
TR 3003, 1.1		p. 38
		n. 45
TR 3014		n. 39
TR 3019		p. 37 et p. 45
TR 3023		p. 46
TR 3024		n. 1
VS XIX	1, Vs i, 6	n. 54
	i, 32	n. 59
	i, 54, 57	p. 10
	2, 1.3	p. 45
	8	n. 36
	11	p. 22
	12, 1.11	n. 2
	21, 1.12	p. 22
	24, 1.10	p. 37
	25, 1.11	p. 22
	27 1.21	p. 35
	29 1.12	p. 45
	37	n. 35
	38	n. 36
	41	p. 14
		n. 19
	47	p. 33; p. 41
		n. 51; n. 55
	53	n. 21
	57	p. 37
	57, iv, l. 10	p. 30
	61 l. 6	p. 37
	71 l. 29	p. 22

LES SCEAUX

Pierre Amiet

Les contrats médio-assyriens portent habituellement en tête, l'empreinte d'un sceau dont une inscription indique qu'il est celui du contractant. De même, les noms des témoins sont indiqués au dessus des empreintes de leurs sceaux respectifs apposés au revers et sur un côté de la tablette. Ceci atteste que les sceaux n'étaient pas immédiatement identifiables et n'étaient pas à proprement parler des "signatures" mais, comme l'a bien montré J.Renger[1], des "instruments d'évidence" apposés en présence des témoins. Par suite, on s'étonnera moins de ce que la plupart des sceaux ne reflètent pratiquement pas la personnalité de leur propriétaire et puissent appartenir en majorité à la série "commune"[2] des cylindres répandus dans le monde mitannien, et au-delà.

La tablette AO 19.228 porte en tête l'empreinte du "sceau de *Puia'e*", décoré simplement de trois torsades très schématiques, réduites chacune à une série de globes irrégulièrement espacés et réunis par de doubles lignes partiellement tangentielles. Ces torsades, dont celle du bas est presque complètement oblitérée par la première ligne du texte, sont disposées en sens opposé et sont de ce fait symétriques les unes par rapport aux autres. On en retrouve de presque identiques sur un cylindre en faïence vernissée du niveau VII de Beisan[3]: il ne paraît pas douteux que le sceau de *Puia'e* ait été façonné dans le même matériau peu coûteux.

Au revers de la tablette, le sceau du premier témoin, nommé Ṣillia, est de même style "commun" et porte deux sujets. a) Deux personnages nus, à demi agenouillés face à face, tiennent ensemble une hampe dont le sommet, comme leurs têtes, est oblitéré. b) Un griffon accroupi à gauche: corps de félin, aile éployée en oblique et tête d'oiseau, probablement. Le thème des porteurs de hampe n'est que le dédoublement de celui, très répandu dans la glyptique mitannienne commune, du porteur d'arbuste ou rameau[4]. Les deux porteurs symétriques ont été souvent représentés à Nuzi, et à Assur[4]. Toutefois, leur groupe paraît dériver de celui des deux génies porteurs de hampe, recontré à l'époque paléo-babylonienne[5], et peut-être aussi de celui des deux figures: divinités ou dignitaires, représentées face à face sur les sceaux-cylindres syriens[6]. Quant au griffon, il figure très souvent sur les sceaux de Nuzi[7].

Le sceau de deuxième témoin, *Adad-šaduni*, a été apposé à l'envers. Il porte une frise

[1]J. Renger, 1977, p. 75.
[2]E. Porada, 1947, p. 12.
[3]B. Parker, 1949, pl. IX-65.
[4]E. Porada, 1947, Nos. 243-259; 265-275. T. Beran, 1957, p. 187-188, Fig. 77-80.
[5]H. Frankfort, 1939, pl. XXVIIIg.
[6]Par ex.: H. Frankfort, 1939, pl. XLIIe.
[7]E. Porada, 1947, No. 100; 102; 103, etc.

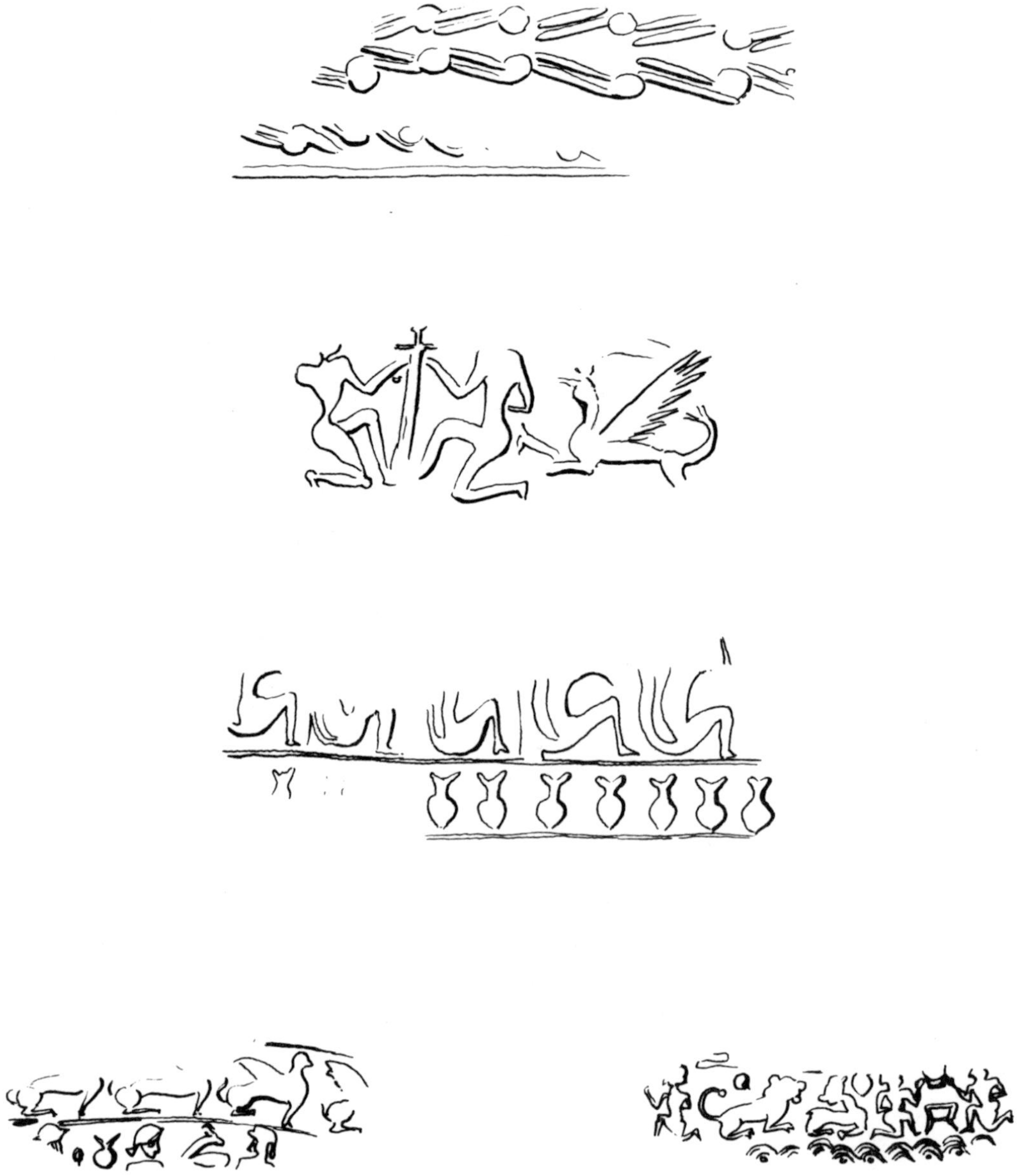

AO 19.228

de singes assis, dont la tête est oblitérée, au dessus d'une frise de petites cruches à panse globuleuse. Le thème des singes assis dérive d'un prototype syrien[8] mais a des origines bien plus lointaines, sur des cachets de l'époque d'Uruk[9]. Et les cruches globuleuses à col mince et bord évasé ressemblent à celles qui figurent sur les cylindres médio-élamites.[10]

Le sceau du troisième témoin, Ilî-mudammiq. Seule la partie supérieure de ce sceau assez haut a été imprimée, avec en haut, une frise de griffons accroupis à droite. Au dessous, une scène de culte groupait au moins trois personnages dont ne subsiste que la tête. De gauche à droite: un orant coiffé d'un bonnet à bord et levant une main devant le visage. Devant lui, une cruche globuleuse à bord évasé, sans col.

Puis un personnage coiffé d'un diadème qui maintenait la chevelure; celle-ci tombe en un mince chignon sur la nuque. Enfin, un personnage faisait face au précédent; dans le champ, un capridé accroupi tourne la tête en arrière. La facture de ce sceau diffère de celle des précédents par la finesse des détails, permettant de reconnaître le travail d'outils tels que la fine drille ou la petite meule, qui caractérisent le style mitannien "élaboré". Des figures semblables se rencontrent assez rarement à Nuzi[11] où l'on observe quelquefois une frise de petites figures au dessus de la composition principale[12]. Une telle frise apparaît plus souvent dans la série médio-élamite[13] et sur les cylindres kassites auxquels elle s'apparente[14].

Le dernier sceau, sur la tranche de la tablette est celui du témoin *Adad-daian*; il a aussi été obtenu avec un cylindre de style mitannien "élaboré". Le champ était divisé en deux registres séparés par une torsade continue. Le registre inférieur n'a pas été imprimé; le registre supérieur est complet et groupe d'une part, deux personnages à demi agenouillés en levant une main devant le visage, de part et d'autre d'une petite table au dessus de laquelle est le globe dans le croissant. Nos deux personnages sont donc en prière devant ce dernier. D'autre part, un lion s'apprête à bondir sur une chèvre accroupie, la tête tournée vers le fauve. Les pattes de la chèvre sont pliées à la manière reprise plus tard par les Scythes[15]. Ce groupe d'animaux est bien attesté dans la glyptique mitannienne[16] et l'organisation du décor en deux registres séparés par une torsade est rare, mais attestée à Assur au XIVe siècle, dans le même style[17].

La tablette AO 19.229 porte en tête le sceau d'*Urad-šerua*. Le sujet principal groupe trois figures: un dieu, dont la tiare n'apparaît pas clairement, de sorte qu'il pourrait s'agir du bonnet à bord porté par les rois. Son vêtement est long, ouvert en avant; le bras gauche est plié contre la poitrine; le bras droit tombe par derrière et devait tenir

[8] A. Moortgat, 1940, No. 536. L. Delaporte, 1923, pl. 97(2): A. 930.
[9] P. Amiet, 1972, Nos. 442-449.
[10] E. Porada, 1970, No. 26; 79; 84.
[11] E. Porada, 1947, No. 648.
[12] E. Porada, 1947, No. 702.
[13] E. Porada, 1970, No. 1; 8; 13; 27; 30; 35; 54; 55; 57; 82; 83. P. Amiet, 1972, No. 2067; 2075.
[14] A. Moortgat, 1940, No. 552; 554. L. Delaporte, 1923, pl. 85(4): A. 603. H. von der Osten, 1936, No. 83.
[15] P. Amandry, 1965.
[16] E. Porada, 1948, No. 104. H. Frankfort, 1939, pl. XXXIa.
[17] J. Beran, 1957, p. 183, fig. 70.

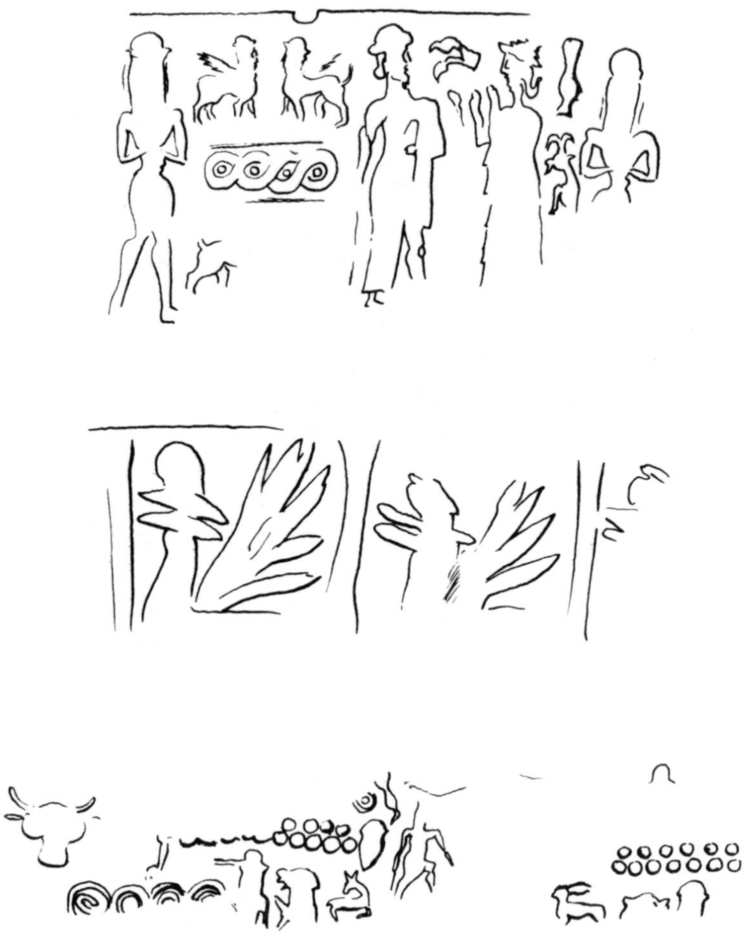

AO 19.229

une arme. Ce dieu est béni par une déesse Lama; dans le champ, un objet indéterminé. Derrière la Lama, un héros-nu est debout de face, les mains jointes sur la poitrine; dans le champ, une cruche à long col, au dessus d'un capridé cabré. Les sujets secondaires sont répartis de part et d'autre d'une torsade à 4 enroulements. En haut, deux taureaux androcéphales ailés, passent l'un vers l'autre. En bas, il subsiste l'arrière-train d'un animal passant à droite. Les taureaux androcéphales ressemblent aux sphinx qui figurent sur un sceau daté du règne d'*Assur-nirari* II (1424-1418)[18] et le sujet principal est encore assez conforme à la tradition paléo-babylonienne [19] qui est interprétée avec une stylisation plus lourde sur les empreintes de Nuzi[20].

Le sceau du premier témoin, apposé au revers de la tablette, est très grossier et appartient sans équivoque à la série mitannienne "commune". Le champ est divisé en panneaux carrés par des barres verticales; chaque panneau abrite un griffon ailé, accroupi, dont la tête est rendue par un globe au dessus de 2 lignes parallèles. Un cylindre du niveau VII de Beisan porte un décor comparable[21] et un schématisme aussi poussé s'observe sur quelques empreintes médio-assyriennes[22].

Deux sceaux de style "élaboré" sont apparemment juxtaposés sur le côté de la tablette. Au premier appartient un bucrane[23] et une torsade à 5 enroulements, schématisés sous l'aspect de petits cercles concentriques obtenus avec un outil constitué par un tube[24]. Le deuxième sceau avait un décor complexe, avec en haut une longue "montagne" constituée par une double rangée de globules et qui paraît avoir porté des animaux (?). A droite de cette montagne, mais à un niveau un peu inférieur, figure un dieu guerrier qui devait franchir un obstacle. Au dessous de la montagne, on observe la tête d'un héros qui devait maîtriser une paire de lions cabrés, à côté de petits capridés.

La tablette AO 20.154 a été l'objet de manipulations qui ont fortement oblitéré ses empreintes de sceaux. Le sceau du contractant, *Urad-ilani*, portait un arbre au tronc sinueux, avec des branches qui semblent épineuses: cet arbre se distingue ainsi des arbres globuleux au tronc sinueux, qui apparaissent sur les sceaux médio-assyriens du XIIIe siècle[25]. Un sceau très semblable a été appliqué sur un des petits côtés, où est répétée l'image d'un arbre. Le sceau d'un témoin, au revers de la tablette, est à peine plus visible. On y distingue cependant un palmier et un monstre ailé, dompteur d'animaux, assez semblable à ceux qui figurent sur des documents assyriens des XIVe et XIIIe siècles[26]. Enfin, le sceau du témoin *Bêr-uballisu* est appliqué sur un petit côté: on distingue une partie d'un monstre ailé à tête d'oiseau, qui a de bons répondants sur

[18]T. Beran, 1957, p. 143, fig. 1.

[19]Cette tradition apparaît plus altérée sur des sceaux tels que: T. Beran, 1957, p. 191, fig. 86, où l'on trouve des figures assez semblables.

[20]E. Porada, 1947, No. 94 notamment.

[21]B. Parker, 1949, pl. XII-77.

[22]T. Beran, 1957, p. 193, fig. 92.

[23]Le bucrane figure aussi sur un cylindre d'Assur: A. Moortgat, 1940, 579.

[24]La trace caractéristique de cet outil est bien visible sur Delaporte, 1910, No. 440.

[25]A. Moortgat, 1941, p. 50, s., fig. 32; 33; etc.

[26]T. Beran, 1957, p. 141, s., fig. 3; 5; 6; 18; 19 et surtout 67a, p. 180. A. Moortgat, 1941, p. 50, s., fig. 62; 63.

AO 21.381

AO 21.382

AO 21.381

des empreintes datés du XIIIe siècle[27]. Il est remarquable d'ailleurs que cette tablette ne porte aucune empreinte de style mitannien.

La tablette AO 20.153 porte des sceaux encore plus oblitérés; on peut identifier seulement un palmier, à côté d'une figure en forme d'arc très allongé. Les deux dernières tablettes, AO 21381 et 21382 ne sont pas des contrats, mais des reçus. De ce fait, elles ne portent qu'un seul sceau, appliqué sur les deux faces et les côtés.

La tablette AO 21.382 est couverte d'empreintes très oblitérées. Aucune figure ne peut être identifiée; son décor se réduit à des lignes courbes très espacées, et l'on reconnaît aussi une forme ovoïde associée à des dentelures qui pourraient rappeler des oiseaux gravés sur des cylindres néo-babyloniens[28], c'est à dire trop récents pour que ce rapprochement soit probant. On peut aussi rapprocher cette empreinte d'un cylindre de Tchoga Zanbil[29] où figurent des oiseaux. Mais le décor curvilinéaire très lâche rappelle davantage celui de cylindres archaïques[30] qui ont pu être réutilisés à des époques bien plus récentes, puisque l'un d'eux a été recueilli à Tchoga Zanbil[31]. Précisément, des empreintes de Nuzi attestent la possibilité de l'usage tardif de sceaux très anciens[32]. Et de toute manière, le cylindre utilisé n'apparaît pas comme médio-assyrien.

La tablette AO 21.381 est scellée de même d'un seul sceau, dont la moitié supérieure peut être reconstituée. On y observe le buste d'un dieu qui devait être assis face à gauche; il est vêtu d'une robe dont les pans tombent en oblique sur chaque épaule; le coude fait une saillie anguleuse par derrière. La tête est très schématique, avec la barbe rendue par une ligne verticale légèrement onduleuse et à peine gonflée, et le visage réduit à la ligne oblique du nez, tandis que la chevelure forme un petit chignon au dessus de la nuque. La tiare est conique; ses cornes apparaissent mal, quoique un appendice arrondi, au sommet, puisse être l'extrémité de l'une d'elles. Dernière ce dieu se dresse un grand palmier dont le feuillage est presque complètement oblitéré et les fruits rendus très schématiquement, par deux triangles peu symétriques, et dont la gravure atteste l'emploi d'une petite meule. Le tronc porte à gauche un appendice inexplicable et qui pourrait correspondre à un éclat du cylindre.

Devant le dieu, un grand oiseau mieux gravé que les autres figures, prend son vol en oblique, les ailes largement éployées. Au dessous de lui et légèrement décalée à gauche, était une autre figure peut-être ailée, si l'on considère quelques dentelures. Toutes ces figures sont assez largement espacées, ce qui a permis d'insérer une inscription qui pourrait n'avoir pas été prévue initialement.

Les figures gravées sur ce sceau offrent de grandes affinités avec celles des cylindres kassites. Le dieu s'apparente par son costume, sa stylisation anguleuse et sa tiare, aux dieux kassites[33] bien qu'il soit plus schématique et puisse être rapproché, à cet égard, de

[27]A. Moortgat, 1941, fig. 19; 20.

[28]Par ex.: A. Moortgat, 1940, No. 623. E. Porada, 1949, Nos. 738-746.

[29]E. Porada, 1970, p. 87 et pl. X, No. 103.

[30]Par ex.: P. Amiet, 1972 (II), pl. 20, No. 866.

[31]E. Porada, 1970, p. 93 et pl. X; No. 106.

[32] E. Porada, 1947, No. 953, ss.

[33]E. Porada, 1949, No. 579. A. Moortgat, 1940, No. 557. L. Delaporte, 1923, pl. 85(2): A. 601; (5): A. 604.

ceux qui figurent sur les cylindres médio-élamites [34]. L'oiseau est la figure la plus remarquable, que l'on retrouve presque identique sur des cylindres kassites plus raffinés[35]. Le palmier aussi apparaît sur des cylindres kassites, avec parfois une stylisation des fruits moins poussée, mais apparentée[36]. La seule différence considérable est que le graveur n'ait pas prévu de cartouche pour une inscription, comme à l'accoutumé, aussi bien sur les sceaux kassites que sur ceux d'Elam qui s'en inspirent. Toutefois, on peut noter qu'une des plus belles empreintes de Nippur[37] révèle aussi une inscription en surcharge. De toute manière, le sceau utilisé ne saurait avoir été assyrien: il peut être rapproché du cylindre médio-élamite trouvé à Assur[38] c'est à dire importé, et il apparaît soit comme kassite, soit peut-être comme kassite-provincial. Il n'en demeure pas moins intéressant, et peut-être significatif, que ni l'un ni l'autre de nos deux *reçus* n'ait été scellé avec un sceau assyrien.

[34]E. Porada, 1970.
[35]L. Delaporte, 1910, No. 301. M. L. Vollenweider, 1967, pl. 28, No. 55.
[36]M. L. Vollenweider, 1967, pl. 33, No. 66. T. Beran, 1957/58, p. 273, fig. 21.
[37]T. Beran, 1957/58, p. 265, fig. 13.
[38]A. Moortgat, 1940, No. 555. E. Porada, 1970, pl. XIV, fig. 10.

BIBLIOGRAPHIE

AMANDRY, Pierre, 1965. "Un motif 'scythe' en Iran et en Grèce." *JNES 24,* p. 152.

AMIET, Pierre, 1972. *Glyptique Susienne des origines à l'époque des Perses Achéménides. Mémoires de la Délégation Archéologique en Iran.* Tome XLIII. *Mission de Susiane.* Paris.

BERAN, Thomas, 1957. "Assyrische Glyptik des 14. Jahrhunderts." *ZA 52,* p. 141-215. 1957/58. "Die Babylonische Glyptik der Kassitenzeit." *AfO 18,* pp. 255-278.

DELAPORTE, Louis, 1910. *Catalogue des Cylindres orientaux et des cachets assyro-babyloniens, perses et syro-cappadociens de la Bibliothèque Nationale.* Paris. 1923. *Musée du Louvre. Catalogue des cylindres, cachets et pierres gravées de style oriental. II: Acquisitions.* Paris.

FRANKFORT, Henry, 1939. *Cylindre Seals: A documentary Essay on the Art and Religion of the Ancient Near East.* London.

MOORTGAT, Anton, 1940. *Staatliche Museen zu Berlin.* Vorderasiatische Rollsiegel. Berlin. 1941. "Assyrische Glyptik des 13. Jahrhunderts." *ZA 47,* pp. 50-88.

VON DER OSTEN, Hans Henning, 1936. *Ancient Oriental Seals in the Collection of Mrs. Agnes Baldwin Brett.* Chicago (*OIP XXXVII*).

PARKER, Barbara, 1949. "Cylinder Seals from Palestine." *Iraq XI,* pp. 1-43.

PORADA, Edith, 1947. "Seal Impressions of Nuzi." *The Annual of the American Schools of Oriental Research,* vol. *XXIV.* New Haven. 1949. *The Collection of the Pierpont Morgan Library* (In collaboration with Briggs BUCHANAN). Corpus of Ancient Near Eastern Seals in North American Collections. The Burlington Series XIV. 1970. *Mémoires de la Délégation Archéologique en Iran.* Tome XLII. "Mission de Susiane: Tohoga Zanbil (Dur Untash)," *La Glyptique*, Vol. IV.

RENGER, J., 1977. "Legal Aspects of Sealing in Ancient Mesopotamia." *Seals and Sealings in the Ancient Near East. Bibliotheca Mesopotamica*, Vol. Six. Undena Publications, Malibu, pp. 75-88.

VOLLENWEIDER, Marie-Louise, 1967. *Musées d'Art et d'Histoire de Genève: Catalogue raisonné des Sceaux-cylindres et Intailles.* Volume I. Genève.